***ACCESO GRATIS** a la Lectura en la Nube*

Para visualizar el libro electrónico en la nube de lectura envíe junto a su nombre y apellidos una fotografía del código de barras situado en la contraportada del libro y otra del ticket de compra a la dirección:

ebooktirant@tirant.com

En un máximo de 72 horas laborales le enviaremos el código de acceso con sus instrucciones.

Discapacidad, justicia y reconocimiento: un análisis de la dis-capacidad en el campo académico en Colombia

Procedimiento de selección de originales, ver página web:

www.tirant.net/index.php/editorial/procedimiento-de-seleccion-de-originales

Diana Catalina Naranjo Tamayo

Discapacidad, justicia y reconocimiento: un análisis de la dis-capacidad en el campo académico en Colombia

Seccional Pereira

Universidad Libre

tirant humanidades
Bogotá, 2024

Catalogación en la publicación – Biblioteca Nacional de Colombia

Naranjo Tamayo, Diana Catalina, autora

Discapacidad, justicia y reconocimiento : un análisis de la discapacidad en el campo académico en Colombia / Diana Catalina Naranjo Tamayo. – Bogotá : Tirant Humanidades, 2024.

248 páginas.

Incluye bibliografía.

ISBN 978-84-1183-515-2

1. Educación superior de personas con discapacidades - Investigaciones - Colombia 2. Personas con discapacidades - Investigaciones - Colombia 3. Personas con discapacidades - Situación legal - Colombia

CDD: 378.008709861 ed. 23 CO-BoBN– a1135990

EDITA: TIRANT LO BLANCH
Calle 11 # 2-16 (Bogotá D.C.)
Telf.: 4660171
Email: tlb@tirant.com
www.tirant.com
Librería virtual: www.tirant.com/co/
ISBN: 978-84-1183-515-2

A Amparito (QPD) y Ana,
quienes me han enseñado desde
su experiencia y ejemplo amoroso
todo lo que sé sobre discapacidad.

Agradecimientos

A María Eugenia, Jorge, Isabel, Verónica, Mauricio, Daniela y Ana por permitirme conocer su experiencia y compartir desde sus relatos y trayectorias de vida lo que significa la discapacidad para ustedes, por convencerme que es posible otras formas de relacionamiento de lo humano basadas en el reconocimiento de lo que cada uno pueda ser y hacer más allá de lo que socialmente se nos impone. Que la gran apuesta será poner en tensión la estructura normativa, para construir nuevas formas de abordaje de la discapacidad, no desde la carencia o la falta, sino como una experiencia de vida de la que ningún humano está exento de vivir.

A Andrés, con quien especialmente durante estos últimos cuatro años nos hemos acompañado con amor, en la incertidumbre, la angustia, las renuncias y alegrías que implicaron para ambos nuestra formación doctoral.

A mis amigas, amigos y familia que me rodearon siempre, nunca me sentí sola, su inmenso amor y empatía fueron fundamentales para sostenerme y terminar este proceso.

A Ara, Nohe y Anita sus sanadoras manos permitieron que menguaran los dolores físicos producto de las extensas horas de trabajo al frente del computador, siempre les estaré agradecida.

A mi querido maestro Johny Orejuela por su acompañamiento como director de esta tesis, en él pude encontrar esa apuesta compartida de investigar desde el gozo y la pasión, sin duda, investigar sin angustia, como él lo plantea, es una maravillosa oportunidad para construir conocimiento desde otras miradas y apuestas de vida.

A cada uno de los docentes de la Escuela de Humanidades de la Universidad Eafit, por su acompañamiento en mi proceso formativo.

A las compañeras y compañeros del Nodo Eje Cafetero de la Red Colombiana de Instituciones de Educación Superior para la Discapacidad (Red CIESD) por su permanente apoyo, diálogos académicos, ánimo y disposición; su compromiso y arduo trabajo en pro de una educación superior sin barreras, me han motivado para continuar en este camino del campo académico de la discapacidad.

A las profesoras Mónica Carvajal y Luz López por sugerirme vincular la discusión del enfoque Dual y dejarme tentada a continuar futuras apuestas investigativas con las personas sordas.

A Nathalia Martínez estudiante y colega que me acompañó de principio a fin en este proceso, por el apoyo y aportes invaluables, su disposición, actitud de apertura y coordinar el trabajo de cada uno de los auxiliares de esta investigación; a ellos: Yesley, Cesar Emilio, María Luisa, Daniela, Diyer, Sofía, Karen, Valentina, Victoria y Elizabeth, mil gracias.

Finalmente, a la Universidad Libre seccional Pereira, por la beca para cursar mis estudios doctorales, esta oportunidad permitió continuar las discusiones que, en el marco de los Programas de Trabajo Social y Derecho en el Centro de Investigaciones Socio Jurídicas, venimos desarrollando sobre la Discapacidad y la Diversidad como apuesta pedagógica y académica.

Índice

Índice de tablas

Índice de Ilustraciones

Resumen

Objetivo: Analizar los significados asociados a la experiencia de la discapacidad, por un grupo de PcD que hacen parte del campo académico de la discapacidad en Colombia. **Método:** Se trata de un estudio cualitativo, basado en casos con un enfoque hermenéutico e interpretativo con personas con discapacidad que han estado vinculadas al campo académico de la discapacidad en Colombia, se aspira de acuerdo con Della Porta (2013) a comprender la complejidad de la unidad y no a establecer relaciones generalizadas entre variables, en esta perspectiva cualitativa se pretende integrar las teorías existentes que dan cuenta de la complejidad que implica la discapacidad en la experiencia de las personas. **Resultados:** la discapacidad se significa dependiendo del modelo desde el cual se la entienda, sin embargo, hay una idea generalizada de significarla como una condición de la diversidad humana que obliga a las personas que tienen dicha condición a hacer las cosas diferentes; la discapacidad es una construcción social, que genera discriminación o desventaja social en un grupo de personas que no responden a las exigencias de una determinada sociedad. En lo subjetivo se destaca la idea de la discapacidad como potenciadora del ser, la discapacidad como oportunidad para relacionarse desde lo humano y sin etiquetas, reconociendo el valor de ser persona por encima de los atributos sociales, políticos o económicos que se les imponen a las relaciones sociales. **Conclusión:** es imperante superar el significado de la discapacidad asociado a la carencia, la falta y el diagnóstico médico; como también, superar la idea de que la capacidad es igual que el funcionamiento y transitar a abordajes que la reconozcan desde la diversidad de capacidades, oportunidades y libertades dando paso a análisis holísticos, complejos e interseccionales que permitan reconocer la discapacidad como una experiencia de vida que ninguna persona está exenta de vivir. Es decir, la discapacidad como una experiencia humana posible, implicará su estudio desde perspectivas sociales, políticas, jurídicas, humanísticas, médicas que generen nuevas posibilidades interpretativas para analizar, abordar y vivir la discapacidad desde otros principios y valores.

Palabras claves: discapacidad; capacidad; significados de la experiencia de discapacidad; personas con discapacidad; enfoque de capacidades; discapacidad, justicia y reconocimiento.

Introducción

La discapacidad ha sido ampliamente abordada por las ciencias de la salud. En la Clasificación Internacional del Funcionamiento (2010) se le caracteriza, diagnóstica y se ubican como sujetos de tratamiento a las personas que tienen alguna de las condiciones allí establecidas, pero en las últimas décadas, la discapacidad ha venido discutiéndose desde otras disciplinas como la sociología, la antropología, la psicología, la historia y la filosofía ampliando los abordajes de ésta y entendiéndola ya no como un asunto médico, sino como un asunto social, político, jurídico y humano que requiere otras formas de análisis e interpretación. Es en el marco de estas discusiones y abordajes que se desarrolla esta investigación doctoral que interpela los significados asociados a la idea de la discapacidad por un grupo de personas con discapacidad que hacen parte del campo académico en Colombia.

El acercarnos a los significados sobre la idea de la discapacidad nos lleva a la comprensión de las particularidades de la discapacidad en campos específicos, para este caso el académico y desde perspectivas que potencian y abarcan la discapacidad no como un problema o una desgracia humana (Brogna, 2019), sino como una experiencia de vida posible (Maldonado, 2020). Si bien, la tesis doctoral reconoce y apela al enfoque de las capacidades humanas de Amartya Sen y Martha Nussbaum como posibilidad teórica e interpretativa, no tiene la intencionalidad de ser un estudio evaluativo sobre la capacidad o cómo lograr funcionamientos valiosos, se parte del modelo de capacidades para abordar la discapacidad, dado que reconocemos la potencia de tal enfoque, sin embargo, no se deja de lado las posibilidades y tránsitos a otros modelos de abordaje de la discapacidad como lo son el modelo crítico decolonial y el modelo pos estructuralista, dado que estos también se detonan de la experiencia misma de las Personas con Discapacidad (de ahora en adelante PcD) y de los actuales movimientos académicos sobre discapacidad.

Con base en lo planteado, el objetivo general de esta investigación fue analizar los significados asociados a la experiencia de la discapacidad, por un grupo de PcD que hacen parte del campo académico de la discapacidad en Colombia. Para cumplir con tal propósito, se llevó a cabo un trabajo cualitativo basado en casos con un enfoque hermenéutico e interpretativo. Así las cosas, el primer capítulo inicia con el planteamiento del problema, para lo cual, expone las diferentes dimensiones del abordaje de la discapacidad y finaliza con la delimitación de la pregunta y los objetivos de la investigación.

En el segundo capítulo se presenta el estado del arte de los estudios sobre el campo académico de la discapacidad, en este apartado se evidencian las tendencias investigativas respecto de este campo; para ello, se señalan y discuten las generalidades de los estudios, así como las excepcionales respecto de los problemas abordados y los propósitos trazados, los marcos de referencias o enfoques utilizados, los sujetos estudiados, los tipos de estudio desarrollados, los instrumentos recurrentes y los principales hallazgos.

Los siguientes tres capítulos abordarán las discusiones teóricas sobre el problema de estudio en el siguiente orden: el capítulo tercero se desarrollan los modelos de abordaje de la discapacidad y las formas de denominación de las PcD, se inicia con el modelo eugenésico y de prescindencia, luego se pasa al médico rehabilitador, para continuar con los modelos social, crítico y un último modelo que hemos denominado el pos estructuralista. El capítulo finaliza con un desarrollo teórico del enfoque de las capacidades humanas y la justificación del abordaje de la discapacidad con su categoría contraria la capacidad.

En el cuarto capítulo se desarrolla una mirada interdisciplinar de la discapacidad, se retoman los abordajes de la medicina, la sociología, la antropología, la psicología y el trabajo social, cerrando con las humanidades, específicamente en tres de sus disciplinas: la historia, la literatura y el arte.

El quinto capítulo discute la relación entre discapacidad, justicia y reconocimiento como aporte interpretativo y posibilidades de ampliar las discusiones sobre justicia social y reconocimiento que han estado aisladas de los estudios sobre la discapacidad.

En el sexto capítulo se presentan los aspectos referidos al método, se describe el tipo de estudio, el grupo de participantes, el procedimiento, el instrumento y las consideraciones éticas tenidas en cuenta para el desarrollo del trabajo.

Posteriormente, en el séptimo capítulo se aborda la relación discapacidad y sordera desde el enfoque dual. Allí se expone el por qué, si bien la población sorda no se reconoce como persona con discapacidad sino como minoría lingüística, es necesario, especialmente en lo que respecta al reconocimiento jurídico, reconocer también la discapacidad como atributo para el acceso a las garantías constitucionales y como sujetos de especial protección.

En el capítulo octavo se inicia el análisis e interpretación de los resultados empíricos, producto de las entrevistas aplicadas a las personas con discapacidad que hacen parte del campo académico. En este capítulo se abordan los significados asociados a la experiencia de la discapacidad desde la voz de las PcD que han estado vinculadas al campo académico en Colombia. En el capítulo décimo se analizan las oportunidades, libertades y reconocimiento que han tenido las PcD en el campo académico y la manera como han afrontado las restricciones a tales oportunidades y libertades, como también, se analiza si las PcD han enfrentado heridas morales desde las tres esferas del menosprecio (Honneth, 1997): la humillación física, la privación de derechos o exclusión social y la degradación del valor social.

Como hemos indicado, otra de las categorías centrales para vincular a la discusión de los estudios sobre discapacidad en el campo académico, es la de justicia, por ello en el capítulo onceavo se abordará la idea de justicia construida por las PcD a partir de su experiencia, reconociendo la necesidad de poner en los estudios sobre la justicia como elemento transversal la discapacidad, en tanto permite identificar elementos y variables que no son recurrentes al teorizar sobre justicia social.

El capítulo doceavo relaciona la experiencia de la discapacidad con los avances en los modelos teóricos sobre la discapacidad, proponiendo que tales modelos han podido ser formulados y teorizados a partir de la experiencia misma de las PcD que han hecho parte del campo académico específicamente en Colombia.

Finalmente, este trabajo cierra con las consideraciones finales, volviendo sobre los significados asociados a la idea de la discapacidad, como también, las limitaciones, recomendaciones y valor práctico del estudio, esto con el fin de dar pistas analíticas a futuros ejercicios que interpelen la discapacidad como objeto de estudio o como posibilidad de intervención e investigación en el campo académico y en clave a la formulación, ejecución y evaluación de políticas públicas.

Se espera que esta investigación se constituya, además de una contribución a los estudios que se vienen adelantando en el campo académico de la discapacidad, en un recurso pedagógico y una posibilidad para que todos se acerquen a la experiencia de la discapacidad desde las personas que la viven puesto que como indica Nussbaum (2012)

> No respetamos completamente la humanidad de nuestros conciudadanos —o cultivamos la propia— sino deseamos aprender sobre ellos, comprender su historia y las nuestras. Por lo tanto, debemos construir una educación liberal que no solo sea socrática insistiendo en ello en el pensamiento crítico y el argumento respetuoso, sino también pluralista lo que requiere educar en el entendimiento de las historias de los grupos con quienes interactuamos (pág 321).

Capítulo I.
Planteamiento del problema

El significado que las sociedades atribuyen a la discapacidad y a las Personas con Discapacidad ha adoptado diferentes formas. De acuerdo con autores como E. Goffman (2006), estos significados tienen raíces en los estigmas con los que la sociedad se construye y construye a los otros; así las cosas, la población con discapacidad ha sido reconocida, no por sus atributos acreditadores, sino por aquellos desacreditadores que se asignan al que es menospreciado con el fin de destacar el defecto, la falla o la desventaja[1].

Lo más relevante de la discusión propuesta por Goffman es que no todos los atributos indeseables y naturales a los seres vivos son tema de discusión; más bien, se han focalizado aquellos que son incongruentes con el tipo ideal definido para la especie humana. De esto deriva que los estigmas se asignen en el marco de la relación atributo/estereotipo. Para el autor, hay al menos tres tipos de estigmas: 1) Las abominaciones del cuerpo: distinciones, deformidades físicas; 2. Defectos del carácter del individuo: pasiones tiránicas, falta de voluntad, perturbaciones

1. Estos atributos y estereotipos negativos se han visto reflejados en el arte, encontramos por ejemplo en el teatro la obra Eduardo III de W. Shakespeare, en la literatura la picaresca española con el Lazarillo de Tormes, en el libro Nuestra Señora de París de Victo Hugo; En las artes circenses con los espectáculos de fenómenos o *Freak Shows*, que presentaban a las personas con discapacidad como rarezas humanas. En el cine también se encuentran a las PcD como personas con nula integración o marginados, personajes con discapacidad física como malvados, en el género del terror se recurre a la discapacidad física o psicosocial para generar ambientes extraños y en algunas comedias en las que la persona con discapacidad es el desgraciado que sufre toda clase de desventuras.

mentales, reclusiones, alcoholismo, homosexualidad y desempleo; y 3. Estigmas triviales de la raza, la nación y la religión susceptibles de ser transmitidos por herencia y contaminar por igual a todos los miembros de una familia (Goffman, 2006).

Otra lectura pertinente es la de M. Foucault (1974 – 1975) quien, si bien no pretendió explorar las experiencias de los individuos en la construcción del orden social como lo hizo Goffman, sí contribuyó a la comprensión de las estructuras en tanto su acercamiento al orden tuvo como eje central la reflexión sobre el poder y la manera como los individuos hacían uso de él. Desde esta perspectiva podría entenderse por qué la población con discapacidad fue categorizada como "anormal", y cualquier ejercicio orientado hacia su reconocimiento operó bajo los mecanismos de la exclusión-inclusión, siendo el primero el referente para la clasificación, y el segundo el que orientó las técnicas de normalización.[2] Esto explica, en parte, de dónde provinieron los discursos médico jurídicos y por qué su base interpretativa del sentido que antecedió cada decisión fue el afán de controlar los cuerpos de los individuos, más no resolver las causas productoras del crimen o la enfermedad (Foucault, 1974–1975).

2. Si bien Foucault plantea un análisis de la sexualidad desde el siglo XVII y no precisamente estudia la categoría de discapacidad y persona con discapacidad, se puede realizar un acercamiento al análisis desde este autor en la medida en que parte por indicar como la exclusión de los leprosos en la Edad Media era una práctica social que implicaba, en principio, una puesta en distancia, una regla de no contacto ente un individuo (o un grupo de individuos) y otro. Estas ***prácticas de rechazo y exclusión*** según Foucault son las formas como se sigue ejerciendo el poder sobre los locos, los enfermos, los criminales los desviados, los niños y los pobres. Podríamos indicar en esa perspectiva que las Personas con Discapacidad entran en esas formas de control y poder. Estas prácticas generan a su vez unos ***mecanismos y efectos de exclusión*** que se traducen en descalificación, exilio, rechazo, privación, negación, desconocimiento, es decir, todo el arsenal de conceptos o mecanismos negativos de la exclusión.

Los autores[3] que se han ocupado del análisis histórico de la discapacidad coinciden en analizar la constante situación de marginación y discriminación que han experimentado las personas con discapacidad. Sin embargo, desde los enfoques social y de la diversidad, el problema central no es tanto la persona con discapacidad, sino la forma en que se construye la normalidad (Munévar, 2013 y Brogna, 2019) alrededor de la figura de "cuerpos capaces". Igualmente, desde estos enfoques es necesario entender las tensiones que existen entre la identidad del sujeto con discapacidad (su voz y sus múltiples formas de ser) y la respuesta social de las comunidades y del Estado. En esta medida, la forma como la sociedad define y atiende la discapacidad tiene consecuencias materiales y simbólicas en la vida de las personas con discapacidad; en consecuencia, se hace necesario estudiarla como problema social, cultural, político e histórico.

Si bien, se reconoce que las PcD históricamente han cargado con la estigmatización asignada, al menos por dos de los tipos referidos por Goffman (2006): las abominaciones del cuerpo y el de los defectos del carácter, el tránsito de los Estados de derecho a los Estados Constitucionales[4] tuvo como una de las características más notables el reconocimiento de las diferencias, la multiculturalidad y la defensa del pluralismo.

3. Destacamos a: Oliver, M. 1998; Barnes, C. 1998; Almeida, M. E. 2009; Bregain, G. 2017; Brogna, 2009.
4. La diferencia entre el Estado de derecho y el Estado Constitucional radica en que en el primero, la ley "es la expresión de la voluntad del Estado capaz de imponerse incondicionalmente en nombre de intereses trascendentes propios, [y comenzar] a concebirse como instrumento de garantía de los derechos" (Zagrebelsky, 2011, pág 23) de acuerdo con la idea del derecho administrativo de Otto Mayer la idea de *Rechtsstaat* "en el sentido conforme al Estado liberal se caracteriza por la concepción de la ley como acto deliberado de un parlamento representativo y se concreta en: a) la supremacía de la ley sobre la Administración; b) la subordinación a la ley y solo a la ley de los derechos de los ciudadanos, con la exclusión por tanto, de que poderes autónomos a la Administración puedan incidir sobre ellos; c) la presencia

De acuerdo con lo anterior, se subraya que en Colombia, para garantizar los derechos de las PcD se ha requerido la construcción de normativa y jurisprudencia proveniente de la Corte Constitucional, Corte Suprema de Justicia, Consejo Superior de la Judicatura y el Consejo de Estado, orientada hacia los campos de la educación, salud, trabajo, recreación, deporte, cultura, comunicaciones, turismo, vivienda, medio físico, accesibilidad, construcciones, ayudas técnicas, accesibilidad física, transporte y convivencia[5].

Para desarrollar este conjunto normativo, el legislativo y las cortes han tenido como fundamento la Constitución colombiana de 1991, la Declaración de los Derechos Humanos proclamada por las Naciones Unidas en el año 1948, la Declaración de los Derechos del Deficiente

de los jueces independientes con competencia exclusiva para aplicar la ley, y solo la ley, a las controversias surgidas entre los ciudadanos y entre estos y la Administración de Estado" (Ibid). En el Estado constitucional, "la ley, en suma, ya no es garantía absoluta y última de estabilidad, sino que ella misma se convierte en instrumento y causa de inestabilidad. Las consecuencias de la ocasionalidad de las coaliciones de intereses que ella expresa se multiplican, a su vez, en razón del número progresivamente creciente de intervenciones legislativas requeridas por las nuevas situaciones constitucionales materiales. El acceso al Estado de numerosas y heterogéneas fuerzas que reclaman protección mediante el derecho exige continuamente nuevas reglas e intervenciones jurídicas que cada vez extienden más la presencia de la ley a sectores anteriormente abandonados a la regulación autónoma de los mecanismos sociales espontáneos, como el orden económico, o dejados a la libre iniciativa individual, como era la beneficencia, hoy respaldada o instituida por la intervención pública en la asistencia y seguridad social" (Zagrebelsky, 2011, pág 38).

5. Esta normatividad se encuentra resumida en los documentos: Pronunciamientos Jurisprudenciales relacionados con las personas con discapacidad 1991 - 2015 del Viceministerio de Promoción de la Justicia – Dirección de Justicia Formal y Jurisdiccional de Colombia y en el Normograma de Discapacidad para la República de Colombia 2019, del Ministerio de Salud y Protección Social.

Mental aprobada por la ONU el 20 de diciembre de 1971, la Declaración de los Derechos de las Personas con Limitación, aprobada por la Resolución 3447 de la misma organización del 9 de diciembre de 1975, el Convenio 159 de la OIT, la Declaración de Sund Berg de Torremolinos, UNESCO 1981, la Declaración de las Naciones Unidas concerniente a las personas con limitación de 1983, la recomendación 168 de la OIT de 1983 y el enfoque de las capacidades desde la perspectiva del desarrollo humano (Nussbaum y Sen, 2004).

De todas maneras, y a pesar de los evidentes cambios legislativos y jurisprudenciales, la población con discapacidad sigue enfrentado la exclusión social y política no solo por las acciones directas que van en menoscabo de sus derechos ciudadanos, sino también, por el lenguaje con el que han sido catalogados y definidos; se destacan, por ejemplo, nociones tales como: persona con limitaciones, deficientes mentales, inválidos, discapacitados, impedidos, persona en situación de discapacidad y persona con discapacidad, siendo esta última la establecida en la ley 1346 de 2009.

Puesto que la población con discapacidad ha sido reconocida en el marco de estructuras de poder dadas por la diada inclusión-exclusión[6],

6. Este abordaje de la discapacidad se ha venido desarrollando desde los estudios críticos de la discapacidad donde se encuentran los *Disability Studies,* estudios desde el enfoque de la decolonialidad y los desarrollos del Movimiento de Vida Independiente cuya pretensión es "comprender que la resignificación sociológica de conceptos como discapacidad, corporalidad, opresión, normalidad/anormalidad no puede entenderse fuera de los campos donde se pugna por la redefinición del sentido social, cultural, simbólico y político de las situaciones que dichos términos aluden. Tampoco pueden resignificarse aislando la forma en la cual la sociedad naturaliza y legitima la existencia de parámetros distintivos de y entre lo humano, estándares arbitrariamente aceptados y aceptables de formas de ser y estar en el mundo. La naturalización y legitimación hegemónica se transforman en un mandato que adquiere diversos nombres como clasismo, sexismo, racismo,

era de esperarse que, según el momento histórico, la discapacidad y la persona con discapacidad experimentaran cambios y transformaciones en el reconocimiento político. Se destaca que dichos cambios hayan sido impulsados no solo por la reflexión académica y los avances legislativos, sino también, por las luchas de reconocimiento[7] (Honnet, 1997) que vienen desarrollando organizaciones de personas con discapacidad, sus cuidadores y grupos de trabajo académico en diversos escenarios.

En Colombia, es difícil conocer el número exacto de personas con discapacidad. Mientras que el Censo del 2022 arrojó que el 7,1 % de la población colombiana tiene algún tipo de discapacidad (cerca de 3.134.037) algunas organizaciones sociales y la misma Corte Constitucional han estimado que la población colombiana con discapacidad puede representar el 15 % de la población, cerca de 7.2 millones de personas (Red CIESD, 2020).

Como se ha planteado, la discapacidad se ha estudiado a partir de los estigmas asociados a ésta desde las diadas normal / anormal, alrededor de los procesos de inclusión / exclusión, y desde la perspectiva médica, entendiéndola como una enfermedad o falta de funcionamiento, la "discapacidad abarca todas las deficiencias, las limitaciones para realizar actividades y las restricciones de participación, y se refiere a los aspectos negativos de la interacción entre una persona (que tiene una condición de salud) y los factores contextuales de la persona (factores ambientales y personales)" (CIF, 2010, p. 24), y aunque se reconocen los

capacitismo se expresa bajo distintas máscaras, aunque oprime, segrega y subvalora a diferentes grupos de la población a través de la construcción de sentidos sobre las diferencias" (Brogna, 2019, pág. 28).

7. El reconocimiento implica desde lo propuesto por la Teoría de Axel Honnet que el sujeto necesita del otro para poder construirse, para tener una identidad estable y plena. La finalidad de la vida humana en esta perspectiva consistiría, en la autorrealización entendida como el establecimiento de un determinado tipo de relación consigo mismo, consistente en la autoconfianza, el autorrespeto y la autoestima.

avances en los modelos sociales que abordan y analizan la discapacidad desde las barreras que el medio impone a esta población, al revisar con detenimiento las publicaciones académicas en el campo académico de la discapacidad[8] se evidencia la necesidad de profundizar la discusión con investigaciones que aborden los significados de las experiencias de la discapacidad en PcD (Correa-Urquiza, 2009; Gómez, 2014; Henao y Gómez, 2017; Yarza, Sosa y Pérez, 2019), mas cuando es necesario estudiarla desde una perspectiva crítica y comprensiva que trascienda lo instrumental y permita des-homogenizar su abordaje para pensarla de manera particularizada y localizada como una forma de vida que siempre está dispuesta a tocarnos y no como la advertencia de una desgracia o la búsqueda de la empatía inclusiva (Maldonado, 2020).

Para tal fin, se requiere un abordaje teórico interdisciplinario y complejo del objeto de estudio en el que: i) se trascienda el obstáculo epistemológico de creer que la discapacidad es una patología o condición de anormalidad, acercamientos posibles a la significación de la discapacidad como concepto que, por un lado, anuda conflictos ontológicos e interpela representaciones sociales y esquemas cognitivos-interpretativos que perpetúan visiones de exclusión y descalificación hacia este grupo de la sociedad y, por otro, demanda ofrecer otras coordenadas teóricas y metodológicas en las cuales se reconozcan procesos, problemáticas,

8. De acuerdo con Patricia Brogna (2019) "entendemos el campo académico de la discapacidad como las posiciones que –dentro de espacios universitarios y de educación superior– pujan por imponer o resistir no sólo discursos y prácticas sino el sentido mismo del campo. Este espacio de relaciones entre posiciones contextuado y situado puede redefinirse como un subcampo que demanda el análisis y la interpretación de sus influencias, dinámicas y trayectorias; de sus hegemonías, colonizaciones y vacantes; de sus emergencias, rupturas y continuidades; de sus alianzas, afiliaciones, maternajes y hermandades; y, especialmente, de su devenir y funcionamiento en relación con el campo político o a otros subcampos como el espacio académico de la discapacidad en América Latina" (pág: 25).

análisis y preguntas análogas, coincidentes o complementarias (Brogna, 2019); ii) contribuya al rescate del valor de ser persona con discapacidad y a la dignificación de la discapacidad en una sociedad de lógica capitalista que entroniza lo "normal"; iii) estudie a las personas en su proceso vital, en un contexto social, histórico y cultural específico para analizar las formas como la discapacidad es entendida, las relaciones de sentido que promueven ciertas significaciones para plantear posibles alternativas teóricas; y iv) enriquezca el objeto de estudio desde una perspectiva humanista, de cara a la construcción de una sociedad para todas las personas y que promueva visiones alejadas de estigmas negativos (Gofman, 2006).

Asimismo, se desprende la necesidad de estudiar este fenómeno desde lo cualitativo, con un enfoque hermenéutico e interpretativo con personas con discapacidad profesionales y que estén vinculados en el campo académico de la discapacidad[9] e integrar las teorías existentes que dan cuenta de la complejidad que implica la discapacidad. Se pretende con esto, contribuir a la superación del paradigma dominante

9. El uso de la alusión "campo académico de la discapacidad" tiene como objetivo dar cuenta de dos asuntos a saber: 1. Se trata de una estrategia metodológica puesto que la población que se reconocerá como parte integral del campo fue considerada nuestra unidad de análisis: PcD profesionales, que hagan parte de contextos universitarios y estén vinculados a las actividades relacionadas con la producción y reproducción de conocimiento o que estén vinculados a organizaciones de PcD y que el trabajo organizativo esté articulado a espacios de construcción de conocimiento. 2. Decisión de orden teórico puesto que la alusión de campo académico de la discapacidad la entenderemos desde la perspectiva de la noción de campo de Bourdieu (2003) como un espacio específico de producción y reproducción de conocimiento sobre discapacidad en contextos de educación superior en donde sucede una serie de interacciones y relaciones objetivas que pueden ser de alianza o conflicto, de concurrencia o de cooperación entre posiciones diferentes, socialmente definidas e instituidas, independiente de la existencia física y de los agentes que la ocupan.

de investigación, que inclina la imagen de la persona con discapacidad hacia una percepción de enfermedad, vulnerabilidad y de precariedad; como también, develar las tensiones y límites que el enfoque de las capacidades en el marco del desarrollo humano puede tener en la vida concreta de la población con discapacidad. La emergencia e impronta de este estudio es marcar un recorrido identificando los cambios interpretativos, los desplazamientos de significado y la expansión de los horizontes de sentido que las mismas personas con discapacidad le dan a su experiencia en un contexto como el colombiano. Por lo Anterior se propuso la siguiente pregunta de investigación: *¿Cuáles son los significados asociados a la experiencia de la discapacidad, por un grupo de PcD que hacen parte del campo académico de la discapacidad en Colombia?*

1. OBJETIVOS

1.1 General:

Analizar los significados asociados a la experiencia de la discapacidad, por un grupo de PcD que hacen parte del campo académico de la discapacidad en Colombia.

1.2 Específicos:

Identificar las oportunidades libertades y el reconocimiento que han tenido las PcD en el campo académico de la discapacidad en Colombia.

Develar la idea de justicia derivada de la experiencia de la discapacidad de las PcD en el campo académico de la discapacidad en Colombia.

Contrastar los significados asociados a la experiencia de la discapacidad de las PcD con los modelos teóricos desarrollados en el campo académico de la discapacidad en Colombia.

Capítulo II.

Estado del arte sobre los estudios en el campo académico de la discapacidad y las personas con discapacidad

El propósito de este capítulo apunta a establecer el estado del arte, respecto de la cuestión de los estudios sobre el campo académico de la discapacidad y evidenciar las tendencias investigativas respecto de este campo; para ello, se señalarán y discutirán las tendencias generales, así como las excepcionales respecto de: los problemas abordados y los propósitos trazados, los marcos de referencias o enfoques utilizados, los sujetos estudiados, los tipos de estudio desarrollados, los instrumentos recurrentes y los principales hallazgos.

Para tal propósito, se realizó una revisión documental de artículos producto de investigación, capítulos de libros y libros en diversas bases de datos tales como EBSCO, Redalyc, Google Académico, Scielo y en repositorios como los de CLACSO, Universidad Nacional de Colombia, Universidad del Valle, Universidad de Antioquia y Centro Internacional de Educación y Desarrollo CINDE.

Entre los criterios de selección de la literatura revisada, se tuvieron en cuenta que fueran artículos resultados de investigación y en el caso de repositorios tesis de maestría y doctorado que estuvieran relacionados con las categorías centrales de la investigación las cuales son: significados sobre discapacidad, discapacidad y desarrollo humano y discapacidad e inclusión; se tomó como referente temporal que la literatura estuviera publicada del año 2000 al 2020. Se analizaron un total de 57 fuentes documentales a partir de las cuales se tienen los siguientes resultados.

Entre los resultados se encuentran que los problemas sobre los que ha girado el estudio de la discapacidad y de las personas con discapacidad han sido en educación inclusiva, en desarrollo humano, justicia social, estudios decoloniales y críticos de la discapacidad, y alrededor de la identidad y el reconocimiento. En los marcos de referencia y enfoques se encuentran cuatro 1) el de prescindencia, eugenésico y marginación, 2) rehabilitador, 3) social-universal-crítico y 4) el de la diversidad, decolonialidad y crítico. Los estudios han priorizado el enfoque cualitativo y hermenéutico de tipo descriptivo, exploratorio, con técnicas como el análisis documental, la entrevista y los relatos de vida.

Se concluye que aún prevalece una mirada a la discapacidad y las personas con discapacidad desde la deficiencia, la superación, la rehabilitación y la limitación y aunque existen estudios que interpelan a los sujetos con discapacidad, en estos prevalecen los abordajes alrededor de los obstáculos o elementos facilitadores para la inclusión, las redes de apoyo que permitieron el que estas personas "lograran" mantenerse en los contextos como escuela, universidades y empresas y una carencia evidente en abordajes sobre las capacidades, oportunidades y libertades que la población con discapacidad ha tenido para su desarrollo.

Frente a las *generalidades en el abordaje de la discapacidad* se encuentra que a lo largo de la historia de la humanidad el significado que las sociedades atribuyen a la discapacidad y a las personas con discapacidad ha adoptado diferentes formas. De acuerdo con autores como E. Goffman (2006), estos significados tienen raíces en los estigmas con los que la sociedad se construye y construye a los otros; así las cosas, la población con discapacidad ha sido reconocida, no por sus atributos acreditadores, sino por aquellos desacreditadores que se asignan al que es menospreciado con el fin de destacar el defecto, la falla o la desventaja (Naranjo, 2020).

La discapacidad como falta de capacidades, limitaciones y deficiencia en el funcionamiento de los cuerpos humanos ha sido ampliamente estudiada desde un enfoque médico, se evidencia lo anterior en la evolución conceptual de la discapacidad desde la Clasificación Internacional de la Deficiencia, la Discapacidad y la Minusvalía (CIDDM) a la luz de los modelos clínicos, donde la discapacidad es considerada como una enfermedad, hasta llegar a un lenguaje unificado y estandarizado establecido en la Clasificación Internacional del Funcionamiento, la Discapacidad y la Salud (CIF) que la define en los términos de deficiencia, limitación en la actividad y restricción en la participación y limitación, basándose en el desarrollo de los modelos sociales y biopsicosociales donde se tiene en cuenta la interacción del individuo con el medio, los factores ambientales y personales (Pastrana Et, al, 2017); como último concepto asumido en la Clasificación Internacional del Funcionamiento (CIF, 2011) se encuentra el término genérico «discapacidad» que abarca todas las deficiencias, las limitaciones para realizar actividades y las restricciones de participación, y se refiere a los aspectos negativos de la interacción entre una persona (que tiene una condición de salud) y los factores contextuales de la persona (factores ambientales y personales) (p.24). Esto llevó a tres conceptos fundamentales que deben ser entendidos para la comprensión de esta dimensión, estos son: la funcionalidad, deficiencia y limitación. La funcionalidad es el conjunto de elementos que se articulan de manera adecuada y ordenada con el propósito de responder a todo orden de manera sistemática. La deficiencia, son problemas en las funciones o la estructura fisiológica, puede ser una desviación significativa o una pérdida, y por último la limitación se entiende como las dificultades que el individuo puede tener en el desempeño/realización de actividades (CIF, 2010, p. 12).

Respecto de los problemas y propósitos abordados se encuentra un nutrido ámbito de estudios relacionados con la discapacidad y educación inclusiva que plantean la experiencia de inclusión / exclusión de niños, niñas y adolescentes con discapacidad en la educación básica y media (Mûller y Leâo, 2016; Assumpcao y de Azevedo Aguiar, 2019; Mendes Da Silva, Nunes, Da Silva, 2014; Flores Kupske y Reni Loss, 2016; Albornoz, Silva, López, 2015). En este mismo contexto se encuentran investigaciones que discuten los modelos de enseñanza aprendizaje para los niños con discapacidad auditiva (Flores y Reni Loss, 2016 y Custódio, Luvison, De Freitas, 2018).

Otras investigaciones, exponen a partir de narrativas de personas con discapacidad los elementos facilitadores y obstaculizadores que los estudiantes con discapacidad se encontraron durante su estancia en las instituciones de enseñanza superior, así como desnaturalizar y cuestionar algunos de los supuestos y representaciones que orientan muchas de las decisiones y prácticas cotidianas de la comunidad educativa para retomar algunas apuestas de cambio con el fin de reconocer y valorar la otredad en las universidades (Cotán Fernández, 2017; Silva Da Luz y Gomes, 2017; Olmos, Romo, Arias, 2016; González, 2016; Moriña y Fernández, 2017; Rueda, Días y Ortiz, 2017; Cobo y Moreno, 2014); Mara, 2015; Molina, 2006; Bernal y Moreno, 2013; Flores y Zarate, 2019); por su parte, Bueno (2012) presenta los significados y sentidos que han construido docentes y estudiantes frente a los educandos con discapacidad visual en la Universidad del Valle.

Otro grupo de autores como Moriña y Melero (2016); Pava (2015) y Baltazar, Sánchez, Vásquez (2016) analizan las redes de apoyo familiares, sociales y académicas de los estudiantes con discapacidad, en términos de cuáles son, qué y cómo hacen las personas que conforman estas redes para ayudarles en sus trayectorias universitarias.

En esta búsqueda también se encontraron investigaciones que revisan antecedentes de las políticas de educación inclusiva en contextos de educación superior en Latinoamérica identificando las características principales, potencialidades, necesidades, factores de riesgo de exclusión social o académicos que pueden incidir en el desarrollo de la inclusión / exclusión socioeducativa de los grupos humanos diversos (incluidas las personas con discapacidad) para proponer lineamientos que puedan incidir en medidas curriculares, extracurriculares y estructurales para satisfacer las necesidades de los posibles grupos diversos (Gómez y García, 2017; Tejeda y Fernández, 2015 y Carvajal, 2015). En esta línea Arizabaleta y Ochoa (2016) analizan concepciones teórico-conceptuales básicas que subyacen a la educación superior inclusiva, en el marco de los Lineamientos de la Política de Educación Superior Inclusiva del Ministerio de Educación Nacional de Colombia

(2013) planteando los desafíos que deben asumir las instituciones de educación superior en la identificación de barreras de aprendizaje de su población estudiantil y la promoción de estrategias que garanticen la accesibilidad, permanencia académica y la graduación para las personas con discapacidad.

Fajardo (2017) en su estudio, evidencia la evolución de las Universidades en algunos países de Latinoamérica y Colombia en el tránsito del sistema educativo hacia una educación inclusiva para las personas con discapacidad. Se muestran múltiples y diversas realidades, en algunos casos contradictorias entre el reconocimiento de la garantía del derecho a la educación inclusiva evidente en las políticas públicas y las prácticas reales de inclusión, que son propias de una universidad que desde hace poco tiempo procura ofrecer respuestas a la atención de la diversidad. Frente a los modelos de educación que han abordado la discapacidad, Vélez y Manjarrez (2020) presentan la búsqueda en referentes históricos, teóricos e investigativos en el campo de la educación de los sujetos con discapacidad en Colombia, teniendo como marco general los contextos mundial y latinoamericano.

Otro problema abordado ha sido la Discapacidad y el Desarrollo Humano, en esta línea se encuentran estudios en los que, a partir de la perspectiva del desarrollo humano planteada por Amartya Sen y Martha Nussbaum revisan las vivencias discriminatorias y relatos de personas con discapacidad sobre su situación, en los que la experiencia narrada toma forma en la voz de los participantes entendiendo que es a partir de los acontecimientos biográficos donde se tejen los sentidos de la existencia, detonando y exponiendo los sentidos que se construyen a partir de las realidades de las personas con discapacidad (Otálvaro, 2012; Vanegas, Martínez, Orozco, Ospina y Urrego, 2015; Fernández, Valderrama y Ruiz, 2019).

También se encontró el estudio de Toboso y Arnau (2008), en el que se describen inicialmente, los tres modelos tradicionales que a lo largo de la historia han servido a la sociedad como marco para el tratamiento de la discapacidad: el modelo de prescindencia, el modelo medico rehabilitador (o asistencial) y el modelo social. Se incluye, además, la descripción del recién planteado modelo de la diversidad resaltando que las políticas sociales y realidades sobre la discapacidad de todo el mundo son actualmente el resultado de partir del modelo rehabilitador e intentar "modernizarse" muy lentamente al modelo social, pero sin abandonar, no obstante, la parte más importante de aquél, la clasificación y separación por criterio médico; es por ello que la incorporación de la idea de "diversidad funcional" en el conjunto de funcionamientos da como resultado un conjunto de capacidad con espectro más amplio, que sirve de base para el análisis del bienestar y la calidad de vida de un espectro, igualmente más amplio, de la sociedad, al no quedar limitado a la mera consideración abstracta del conjunto de funcionamientos posibles de una persona estándar.

Otro grupo de estudios han girado alrededor de la Discapacidad y Justicia Social éstos plantean en sus análisis la necesidad del equiparamiento de oportunidades a las personas con discapacidad, como también la garantía de los derechos centrando la atención en los derechos laborales (Montoya y Rodríguez, 2015; Padilla, 2010; Álzate, 2018; Victoria, 2013; Hernández, 2015; Gómez y Cuervo, 2007; Arias, Corrales y Rosero, 2013; Baquero, 2018; Testa y Sepúlveda, 2019). Otro estudio como el de Bejar Molina (2005) plantea la relación entre la discapacidad y la justicia, desde la perspectiva política de John Rawls ante la discapacidad; la posición de esta autora es conceder a grupos minoritarios, en este caso las personas con discapacidad, la maximización de los bienes sociales (empleo, ingresos, educación y salud entre otros) ya que su dotación en bienes primarios naturales y al azar es escasa o diferente (salud, talentos, y funcionamientos). Aparte de ello propone la autora que este acercamiento a Rawls busca contribuir a la comprensión de la discapacidad desde la justicia ya que es lo que lleva a que el hombre pueda realizarse plenamente en cualquier ámbito. Reconoce que es prioritario que las instituciones elijan lo correcto que es para todos y no lo bueno para pocos.

También encontramos una fuerte tendencia en los últimos dos años en los estudios decoloniales y críticos de la discapacidad especialmente en el contexto Latinoamericano, se inscriben en esta línea los desarrollos teóricos de Guevara y Marques (2019); Peña y Estay (2019); Brogna (2019); Millán (2019). Bermúdez y Papamija (2019) y Vite (2020) el objetivo de estos estudios es descentrar la discusión de la discapacidad en el sujeto e invitan a cuestionar las pretensiones capacitistas que incitan a retar expresiones, prácticas y materialidades de la fragilidad que tienen en su centro el goce de lo disca. Como parte del análisis frente a lo anti capacitista se encontró el estudio de Maldonado (2020) quién realiza una crítica anti capacitista a la composición afectiva de la discapacidad en el contexto del neoliberalismo.

Por su parte Bustos (2020), indaga las formas en que el tacto es tabuizado, lo que representa el inicio de una escalada que normaliza las formas de represión, cuya expresión más álgida es castigar a quienes hacen uso de este sentido: niños y personas ciegas. Sobre la idea del cuerpo incompleto, Nuñez (2020) afirma que ésta se instala, mientras la inclusión es abordada como un proceso de responsabilidad individual, mediante acciones dirigidas a su normalización capacitista. Yarza (2020), expone en su análisis algunas interconexiones o entramados dinámicos en dos mundos indígenas en Colombia, el Murui Muina-Minika (Amazonas) y el Êbêra Eyábida (Antioquia), desde algunos de sus relatos de origen y sus conceptos en lengua ancestral sobre "discapacidad" (aidaiza y baa wa wa/jai wa wa, respectivamente), el texto explora algunas singularidades en cada mundo desde las visiones antropoecogénica y teoecogénica, que se diferencian de los paradigmas de la matriz moderno/colonial en torno a la "discapacidad" e interfieren con éstos.

Otra corriente de los estudios críticos la representan los estudios feministas en discapacidad estas aproximaciones permiten identificar un estado de la discusión iberoamericana sobre estudios feministas de discapacidad, basado en reflexiones teóricas y antecedentes empíricos de artículos de las dos primeras décadas del siglo XXI, y puntos de divergencia con estudios del Norte global. En los estudios se afirma que las diferencias emergen de la tensión epistemológica y ontológica en torno a la cualidad prelingüística de los cuerpos, entendidos como experiencias encarnadas y territorializadas de discursos performativos y materialidades, donde se intersectan fronteras binarias de la matriz moderno/colonial (López, 2020; Ferrari, 2020 y Míguez, 2020).

Para finalizar este apartado sobre los temas y problemas encontrados en la revisión de la literatura, encontramos estudios relacionados con discapacidad identidad y reconocimiento, cuyo propósito de estos estudios influenciados por las perspectivas post-estructuralistas y críticas, ha sido comprender que la discapacidad es un tema que merece seguir teniendo una discusión formal y crítica a fin de rescatar la experiencia de vida y la cotidianidad de los sujetos catalogados como tales y considerados como "población vulnerable". Uno de los aspectos pertenecientes a dicha cotidianidad y experiencia de vida es el género, categoría que se construye histórica, sociocultural y políticamente, la cual influye de manera significativa en la subjetividad de los sujetos desde la diversidad de las identidades de género y da las posibilidades de deconstrucción y desaprendizaje de los reglamentos de género que se proponen en el imperativo ético de las instituciones para transformar sus prácticas violentas y excluyentes (Gómez, 2014; Orozco, 2013; Ferreira, Pessoa y Araujo, 2016).

En lo que corresponde a *los marcos de referencias o enfoques utilizados* se evidencia en la revisión de la literatura sobre discapacidad al menos cuatro abordajes relacionados con los significados que se le han asignado a ésta y a las PcD. El primero de ellos se enmarca en una perspectiva eugenésica, de marginación, y prescindencia (Foucault, 1974–1975; Goffman, 2006) en la que las PcD hacían parte de los grupos de personas pobres y marginadas, subestimándolas y considerándolas objetos de compasión y de peligro inminente (Arnau y Toboso, 2008). En el segundo abordaje toma fuerza el modelo de rehabilitación (Gofman, 2001; Braunstein 2013; Brandt y Pope, 1997; Gómez y Cuervo, 2007; Turnbull y Stowe, 2001; Pastrana, Céspedes, Ruiz y Silva, 2017) también llamado individualista o biomédico (Moreno y Cobo, 2014). En este, la discapacidad se aborda desde sus causas médicas y científicas y alude a ella en términos de enfermedad o como ausencia de salud; en cuanto a las personas con discapacidad éstas se consideran que pueden ser rehabilitadas y normalizadas (Foucault, 1974–1975).

Una tercera forma de significar ha sido desde el modelo social y crítico (Barnes, C. 2009; Bregain, 2013; Brogna, 2009; Ferrante y Venturiello, 2014; Rosato y Angelino, 2009; Munévar, 2013; Munévar y Pérez, 2016; Yarza 2020) el cual surge como rechazo a las formas de concebir la discapacidad en los modelos anteriores y propone que las causas originarias de la discapacidad son esencialmente sociales. Este modelo expone que la discapacidad no se da en las personas que presentan una condición "discapacitante", sino que es la ideología de la normalidad, el contexto social y cultural los que detonan las barreras para que las personas con discapacidad no puedan aportar a la sociedad y satisfacer sus necesidades. Se parte de la premisa de que toda vida humana es igualmente digna (Nussbaum y Sen, 2004) y reivindica la aceptación plena de la diferencia de lo humano. A esta perspectiva también se le ha vinculado el modelo universal el cual considera a la discapacidad como una condición universal (Oliver, 1996; Gómez y Cuervo, 2007); es decir, la discapacidad es vista como parte de la condición humana, ya que los seres humanos son seres vulnerables que en algún momento del ciclo de vida requerirán un constante apoyo del medio para su desenvolvimiento pleno (Nussbaum, 2002).

La cuarta forma de abordar y significar la discapacidad ha sido a partir del modelo de la diversidad, el cual considera que es fundamental para aceptar definitivamente el hecho de la diversidad humana (incluida, la discapacidad) la necesidad de superar la dicotomía conceptual: "capacidades" / "discapacidades". En este modelo todas las personas tienen un mismo valor moral y, por lo tanto, deben tener garantizados los mismos derechos humanos.

En esta perspectiva, autores como Sen y Nussbaum (2004) y las perspectivas del desarrollo humano han aportado reflexiones sobre la importancia del desarrollo de las capacidades y ampliación de oportunidades para todos los seres humanos incluyendo las personas con discapacidad. En su exposición identifican al menos tres niveles de análisis en relación con el cómo significar y nombrar la discapacidad y las personas con discapacidad, especialmente cuando se trata de sistemas democráticos y plurales.

Esta perspectiva teórica apela a la diversidad como posibilidad para que las poblaciones históricamente excluidas y estigmatizadas gocen de los principios de dignidad humana, justicia social, ampliación de oportunidades, reconociendo que las personas pueden desarrollar sus capacidades, ser reconocidas por éstas y generar nuevas formas de relacionamiento, cooperación y justicia social.

A continuación, un cuadro que resumen los modelos teóricos y la denominación que se les ha asignado a las personas con discapacidad en la literatura revisada.

Tabla 1. *Modelos teóricos que han abordado la discapacidad y las denominaciones a personas con discapacidad.*

Modelos teóricos que han abordado la discapacidad y las personas con discapacidad	Denominación de las personas con Discapacidad
Prescindencia, eugenésico y marginación.	Inválidos, anormales, raros.
Rehabilitador	Discapacitados, enfermos, deficientes mentales.
Social-Universal-Crítico	Personas con limitaciones, Persona con discapacidad.
Diversidad – Decolonial y Crítico	Personas con discapacidad y personas con funcionalidad diversa.

Fuente: Elaboración propia.

Sobre la categoría de discapacidad se encuentra que la mayoría de los estudios circunscriben su definición en los enfoques sociales de la diversidad y críticos como se demostrará a continuación.

Para un grupo de autores (Zambrano, 2009; Montoya y Rodríguez, 2015; Baltazar, Valderrama, Sánchez y Vásquez, 2016; Bueno, 2012; Victoria, 2013; Gómez y Cuervo, 2007; Arias, Corrales, y Rosero, 2013; Bermúdez, 2020) indican que la discapacidad es entendida como un fenómeno multidimensional resultado de la interacción entre el individuo y las características del contexto que lo rodean, incluye deficiencias en las estructuras y funciones, limitaciones en la actividad y restricciones en la participación social. Especifican que la discapacidad no implica solo a quien la presenta, sino que también afecta a sus cuidadores, familiares y entornos sociales más cercanos, aumentando el grado de vulnerabilidad, las barreras sociales y culturales que dificultan el desempeño dentro de la sociedad actual. Según Padilla (2010) además de las interacciones del individuo con su contexto, la discapacidad incluye un sin número de dificultades, desde problemas en la función o estructura del cuerpo pasando por limitaciones en la actividad o en la realización de acciones o tareas.

Otra forma de conceptualizar la discapacidad desde el modelo de desarrollo humano revela que el avance histórico que se evidencia en la actualidad frente al concepto de discapacidad se corresponde con las posibilidades del reconocimiento de las capacidades de las personas, exponen que la noción de discapacidad se introduce en el enfoque de capacidades y funcionamientos a raíz de la importancia que otorga Amartya Sen (2000) a la diversidad de características propias y externas de las personas a la hora de valorar la desigualdad en el logro de funcionamientos valiosos (Toboso y Arnau, 2008; Manjarrés y Vélez, 2020; Carvajal Osorio, 2015; Guevara y Márquez, 2019; Miguez, 2020). Por lo tanto, se propone que el "conjunto de capacidad" no debe limitarse a recoger el conjunto de funcionamientos posibles de una persona "normal", sino que debería ampliar su marco para dar cabida igualmente a los funcionamientos diversos posibles para otras personas, al margen de esa ficción de "normalidad" como los son las personas con discapacidad (Toboso y Arnau, 2008).

La discapacidad también es entendida como una categoría moral y política, enfatizando que es la justicia quien exigirá a las instituciones sociales, actores externos y entes gubernamentales (familia, comunidad, estado y sociedad) el reconocimiento y visibilidad de las personas con discapacidad como sujetos políticos (Molina, 2006; Báez y Ordoñez, 2020).

Finalmente, en las perspectivas críticas de la discapacidad se plantea que es importante abrir nuevos horizontes para pensar la discapacidad, y re-conocerla como un campo científico, político y social con entidad propia, bajo esta perspectiva, se asume la discapacidad como el espacio social que, siendo común a muchas personas, no es generalizable ni universal, y es así porque define las experiencias vitales de un grupo de personas, asumidas y problematizadas de acuerdo con diferentes ejes o intersecciones (raza, religión, clase, género entre otros) en tanto que tener discapacidad no excluye estar inmerso/a en otras situaciones sociales (Brogna, 2019; Gómez, 2014; Millán, 2019; Vite, 2020; Bustos, 2020; Núñez, 2020; Yarza, 2020; López, 2020; Castelli, 2020; Villa Rojas, 2020).

La discapacidad aglutina a una multidiversidad funcional que tiene en común no pasar por "normal", regular o convencional, es la excepción a la regla, que produce una disyunción (separación o desunión), en sentido gramatical quiere decir que en la relación de dos o más elementos uno excluye a los demás. También argumentan que la discapacidad puede ser vista como un advenimiento, algo que ocurre y para lo cual no estamos preparados y que exige des-normalizarnos, acceder a otros caminos y sentidos de la vida, experimentar un tiempo otro (Millán, 2019).

Otra mirada de la discapacidad dentro de la corriente crítica expone que la discapacidad es producto de un discurso hegemónico dominante que plantea unas estrategias de normalización y que a pesar de instituir en el discurso el concepto de la inclusión, perpetúa la opresión y la invisibilización de las poblaciones marginales, pues en el intento de abarcar un todo social, como una única forma de ser y de estar, bajo constructos teóricos que constituyen un imaginario social que en sí mismo es legítimo y legitimado por las prácticas, tanto políticas como sociales, llevan a afirmar, que la discapacidad y por ende la vulneración se encuentran en una relación de opresión (Rojas, 2013 y Schewe, 2020).

Y finalmente encontramos la concepción de Maldonado (2020) para quien la discapacidad es una experiencia que como forma de vida siempre está dispuesta a tocarnos, no como la advertencia de una desgracia o la búsqueda de la empatía inclusiva, sino como una experiencia posible.

Los tipos de estudio con mayor prevalencia en la revisión documental son los estudios de tipo cualitativo a partir de diversos enfoques, entre ellos se encuentra el enfoque hermenéutico evidenciado en los análisis sobre las políticas o planes que han desarrollado países o instituciones en programas de apoyo a personas con discapacidad. En estos tipos de estudio se subraya la importancia de los marcos legales que, desde el principio de igualdad de oportunidades propenden por la garantía de los derechos de las personas con discapacidad. También se suscriben a este enfoque las investigaciones que han realizado revisiones teóricas y epistemológicas sobre el concepto de discapacidad y los enfoques que han existido para abordarla. La técnica priorizada para estos estudios ha sido el análisis documental con su instrumento de rejilla documental, también se evidencia la utilización del instrumento de diario de campo o notas de autor.

Otro enfoque con importante uso es el biográfico narrativo en el cual se inscriben los estudios que abordan las experiencias de personas con discapacidad en diversos contextos; se desataca el contexto de la educación básica, media y universitaria como también los contextos laborales. Estos estudios se han propuesto identificar las trayectorias de vida y vivencias que han tenido las personas con discapacidad en clave a los obstáculos y desafíos que se les ha presentado para lograr la inclusión a instituciones como colegios, universidades y empresas; también se proponen la identificación de los elementos facilitadores y redes de apoyo con las que han contado las personas con discapacidad para su pleno desarrollo en tales contextos.

Algunos de estos estudios han tenido enfoque de género para resaltar las vivencias discriminatorias que se cruzan en relación con el ser mujer o persona transgénero que vive una discapacidad, sugieren reflexiones y acciones profundas en los escenarios e instituciones sociales, en tanto las propuestas que se vienen desarrollando para favorecer condiciones de participación, se construyen generalmente sin tener en cuenta las características individuales y de los colectivos socialmente diferenciados, pasando de largo los contrastes de las vidas entre hombres y mujeres con discapacidad. Las técnicas utilizadas para estos estudios con mayor prevalencia han sido las entrevistas estructuradas y semiestructuradas y en menor medida los relatos de vida.

En los estudios decoloniales y críticos de la discapacidad, el tipo de estudio priorizado ha sido el cualitativo con un enfoque histórico crítico a partir de la utilización de las técnicas de análisis documental y en contados casos entrevistas, producto de estudios de caso.

Se encontraron dos estudios de investigación creación, como el de Alzate (2018) a partir de una experiencia pedagógica desarrollada en el marco del proyecto "Mi cine accesible" que permite dar cuenta de las posibilidades del arte para educar a una ciudadanía y, percibir la diferencia sin miedo y con apertura a otras maneras de ser. Educar mediante el arte permite expandir sensibilidades y formas de comunicar para conectar con realidades otras donde se necesiten operar cambios; también se encontró el estudio de Ayram (2020) quien subraya la formación artística de Lorenza Bötnner en Berlín y analiza cómo su apuesta performativa le entregó un agenciamiento político a su cuerpo "discapacitado" y transgénero y problematiza, a través de los estudios críticos de la discapacidad, otras exhumaciones al cuerpo como un cuerpo trans y tullido dentro de la genealogía de artistas disidentes en Chile.

Un último tipo de estudio en los de enfoque cualitativo fueron los estados del arte con dos investigaciones, una de ellas versa sobre la búsqueda y reflexión frente a referentes históricos, teóricos e investigativos en el campo de la educación de los sujetos con discapacidad en Colombia, teniendo como marco general los contextos mundial y latinoamericano realizado por Manjarrez y Vélez (2020); y el estado de la discusión iberoamericana sobre estudios feministas de discapacidad, basado en reflexiones teóricas y antecedentes empíricos de artículos de las dos primeras décadas del siglo XXI, y puntos de divergencia con estudios del Norte global realizado por López (2020).

Como tipo de estudio cuantitativo solo se identificó uno cuya pretensión estuvo centrada en el marco de procesos de evaluación de la satisfacción de la calidad de vida y necesidades de personas con discapacidad en el Valle del Cauca (Montoya y Rodríguez, 2015).

Para finalizar, si bien las personas con discapacidad han sido abordadas como unos sujetos que comparten ciertas características, son una población heterogénea y los tipos de discapacidad son diversos, en los estudios revisados sigue prevaleciendo el uso de la categoría de personas con discapacidad, apelando a los sujetos que tienen algún tipo de discapacidad, sin embargo, se pueden especificar estudios sobre: mujeres con discapacidad, estudiantes de universidades con discapacidad, persona transgénero con discapacidad.

Frente a los sujetos por tipo de discapacidad encontrados en los estudios: personas sordas, personas ciegas, personas con discapacidad motora, persona con síndrome de Down, personas con trastorno del espectro autista (TEA) y personas con parálisis cerebral.

Los hallazgos y conclusiones sobre los estudios en discapacidad se presentan en tres perspectivas, la primera relacionada con la discapacidad y la educación donde se evidencia que estas dos categorías interpelan directamente los procesos de inclusión en instituciones educativas. En los estudios revisados se expone cómo el ideal de la inclusión educativa queda en el papel y aunque es un mandato de Estado y en la mayoría de los casos las instituciones educativas la tienen como parte de sus políticas, los procesos de inclusión no transita a prácticas y experiencias concretas; aunado a esto se presenta que las mismas PcD ponen en tensión los procesos de estandarización típicos de las políticas públicas y afirman sus posiciones identitarias en grupos minoritarios reclamando el derecho a ser diferentes. Los procesos de inclusión siguen centrados en dar respuesta basada en la identificación de grupos específicos y en la implementación de estrategias de compensación de los supuestos déficits individuales, prestando poca o nula atención al derecho de los estudiantes a participar en los asuntos que les afectan, aunado a esto se evidencia que los docentes no están suficientemente formados para responder a las necesidades de los estudiantes o no se realizan los ajustes necesarios para el aprendizaje y participación de estos.

Se evidencia que la normativa existente no garantiza una educación de calidad, no siempre se dimensiona la importancia de los servicios de apoyo para la orientación y asesoramiento de los estudiantes con discapacidad durante sus trayectorias o, por ejemplo, la necesidad de sensibilizar a los directivos y administrativos en las instituciones para generar adecuados procesos de atención a los estudiantes con discapacidad.

Para el caso de Colombia los procesos de educación para las PcD se plantean desde un marco estructural de análisis a partir de tres momentos históricos: la educación especial, la integración escolar y la educación inclusiva, es pertinente resaltar que, la educación inclusiva tiene una responsabilidad social y educativa. Social, por cuanto aporta a la transformación de una sociedad fundamentada en valores inclusivos y educativos; y educativa, por cuanto debe aportar a una educación de calidad para todos, que se concreta en políticas, prácticas y culturas en las instituciones.

Sobre los estudios comparados en política inclusiva en América Latina, se evidencia como hallazgo que Argentina lidera en la carrera para lograr una política de educación superior inclusiva; tanto en Chile, como en Uruguay hay cambios en sus políticas institucionales, sin embargo, aún presentan limitaciones; en Chile los procesos de acceso están restringidos por altos costos y dificultades de financiamiento. La desigualdad social y económica en Latinoamérica afecta particularmente a los estudiantes con discapacidad.

Como conclusiones en esta perspectiva se encuentran que resulta prioritario dejar de pensar que las PcD tienen limitaciones, problemas y necesidades que deben ser resueltas y generar los recursos o apoyos que se requieran para avanzar en los procesos de adaptación e inclusión educativa. La inclusión no exclusiva permite dar la bienvenida a la diversidad mejorando así las oportunidades de aprendizaje de las PcD. Se resalta que hay más barreras que posibilidades en las instituciones educativas para las PcD, estas barreras se denotan con mayor ahínco en las prácticas de los docentes, por lo que se sugiere poder transitar a procesos de formación sobre los diseños de aprendizaje universal y reducir el desconocimiento del perfil de los estudiantes con discapacidad que ingresan a las instituciones así como de sus contextos sociales, culturales, familiares y su historia, aunado a lo anterior se concluye que las familias no están preparadas ni profesional, ni personalmente para acompañar los procesos formativos de los estudiantes con discapacidad, lo que hace que estas barreras se agudicen y trasciendan del contexto educativo al familiar.

Finalmente, se concluye que la educación superior inclusiva, para todos y todas, es una visión educativa que ha ganado cada vez mayor fuerza, pero que demanda todavía muchos esfuerzos institucionales, pedagógicos y culturales; en último término, se necesitan principalmente transformaciones políticas, culturales y sociales en lo educativo que beneficien a todo el que desee aprender, sin importar su condición.

Otra perspectiva de hallazgos encontrados fue la relacionada con la discapacidad y desarrollo humano, los resultados investigativos apuntan a que las redes de apoyo son fundamentales para que las PcD puedan desarrollar sus proyectos de vida; sin embargo, el proyecto de vida de estas personas como cualquier otro no se consume ahí, pues pareciese que cada entorno cumpliera su función en un contexto y tiempo determinado, pues cada uno de estos aporta herramientas afectivas, cognitivas y prácticas que resultan valerosas pero insuficientes a la hora de satisfacer las necesidades integrales de estas personas como lo son: las construcciones arquitectónicas donde se tengan en cuenta sus necesidades físicas, la oportunidad de vincularse al área laboral, de adquirir subsidios de vivienda entre otros.

Por otra parte, se denota que una aproximación a la cuestión de la discapacidad, desde el punto de vista de los derechos humanos, exige tomar en consideración un concepto amplio de la misma que haga referencia a una situación caracterizada por una dificultad o imposibilidad para participar plenamente en la sociedad a causa no sólo de una deficiencia, sino de la construcción inadecuada del entorno social y de la interacción de ambos factores. En esta perspectiva las PcD empiezan a reconocerse como personas con derechos a partir de los avances legislativos y es la Convención de Derechos Humanos de las Personas con Discapacidad, el primer instrumento vinculante y obligatorio en materia de derechos humanos de las personas con discapacidad, en ella se armonizan los modelos médico, social y se consagra el enfoque de derechos; que reconoce a la persona con discapacidad a partir de su dignidad humana como un sujeto de derechos y obligaciones. Esto hace que el concepto de discapacidad adquiera un estatus jurídico porque a la luz del enfoque de derechos este concepto hace énfasis en la condición de persona y no en su utilidad. De tal manera que por primera vez la comunidad con discapacidad a nivel mundial cuenta con un instrumento que les reconoce autonomía, capacidad y la exigibilidad de sus derechos y garantía de manera inmediata.

Como conclusiones de estos estudios se plantea que la discapacidad no afecta en igual medida a todas las personas, los tipos de afectación van a depender de las características particulares, la historia de vida, el contexto político, social, cultural e ideológico, por lo tanto, no es posible hacer generalizaciones respecto al tema. Lo anterior implica hacer rupturas de tipo político e ideológico sobre la concepción que se tiene frente a las PcD con el fin de centrar el análisis no solo en los problemas y necesidades de las PcD, sino también en los ajustes que se tienen que dar en lo estructural para darle una participación a las PcD en los asuntos políticos y públicos.

Desde la teoría de la justicia se precisa primero reconocer la discapacidad desde una categoría moral y política y segundo, repensar las acciones institucionales articuladas con el hecho social de la discapacidad transformándose ellas mismas y reconociendo y haciendo más visible a las personas de manera que se evidencie que "persona" es alguien que participa en la vida social o cumple algún papel en ella, por tanto, puede ejercer y respetar sus diversos derechos y deberes.

Se sigue reconociendo la existencia de los modelos clásicos de abordaje de la discapacidad como es el médico rehabilitador y el de la integración, y se concluye que es necesario ampliar la mirada de la clasificación y separación por criterio médico a abordajes que incorporen la idea de "diversidad funcional" entendiéndola como el conjunto de funcionamientos que dan como resultado un conjunto de capacidad de espectro más amplio, que sirve de base para el análisis del bienestar y la calidad de vida de un espectro, igualmente más amplio, de la sociedad, al no quedar limitado a la mera consideración abstracta del conjunto de funcionamientos posibles de una persona estándar.

Otros estudios presentan la premisa de que la discapacidad es una construcción social, no una deficiencia que crea la misma sociedad que limita e impide que las personas con discapacidad se incluyan, decidan o diseñen con autonomía su propio plan de vida en igualdad de oportunidades. En definitiva, decir que la discapacidad es un problema social implica, además, que la problemática debe ser entendida en un contexto social, cultural, histórico y geográfico.

La discapacidad es un tema que merece seguir teniendo una discusión formal y crítica a fin de rescatar la experiencia de vida y la cotidianidad de los sujetos catalogados como PcD y considerados como "población vulnerable". Uno de los aspectos pertenecientes a dicha cotidianidad y experiencia de vida es el género, categoría que se construye histórica, sociocultural y políticamente, la cual influye de manera significativa en la subjetividad de los sujetos, háblese de mujeres y de hombres. No solamente a favor de la política y los marcos normativos, sino en el reconocimiento del valor de ser PcD dándoles el lugar protagónico en los estudios y en el desarrollo tanto teórico como legislativo sobre la discapacidad.

La discapacidad, como tema transversal, se tiene que abordar de forma interdisciplinaria para generar políticas intersectoriales que contribuyan a disminuir las brechas entre la población con y sin discapacidad. El índice de desarrollo humano, así como la inclusión social, son temas que aportan datos concretos de la precariedad en la que viven personas con discapacidad y que marcan una ruta para dirigir acciones específicas y cambiar dicha situación.

La tercera perspectiva identificada en los hallazgos fue alrededor de los significados sobre la discapacidad, se expone que la representación social de las personas con discapacidad se deriva del discurso hegemónico, se significa como algo negativo que limita al sujeto. Este discurso se sustenta, puede decirse en términos generales, en el modelo médico de la sociedad que ve a las personas con discapacidad como incompletas, alejadas de la norma. Esto explica que se hayan ido desarrollando estudios científicos críticos en los que ha habido un punto de encuentro entre los estudios feministas y de la discapacidad desde las Ciencias Sociales, cuyo interés científico se basa en poner de manifiesto la construcción social de las inferioridades y de los discursos legitimadores de dominación.

Otro hallazgo es que aún existe la prevalencia de los imaginarios característicos del paradigma rehabilitador puesto que se evidenciaron pensamientos, sentimientos y acciones tendientes a aceptar y tolerar la diferencia, pero implícitamente buscan lo idéntico y lo normal; por su parte, las personas con discapacidad coinciden en ubicar a la discapacidad en el entorno, perspectiva cercana al modelo social.

La discapacidad como construcción social interpela a los sujetos que en ésta quedan ubicados por barreras y exclusiones, tan solo se encontró un estudio que interpeló la identidad, la auto referencia práctica y la autonomía de las PcD que indica que ésta se construye a partir de diferentes experiencias, unas de reconocimiento y otras de menosprecio, las cuales se desarrollaron a través de unas prácticas sociales. Así pues, las diferencias entre estas experiencias se dan teniendo en cuenta que es el sujeto quien da valor a la experiencia, pero que éstas son el resultado de unas prácticas que están relacionadas con las representaciones que la sociedad ha impuesto.

También se encuentra que la discapacidad confronta el ideal capacitista no sólo desde el propio cuerpo, sino también en el hacer, por lo que, un posicionamiento críticamente discapaz necesita cuestionar las condiciones materiales diarias: desempleo, pobreza y segregación. Insistir en que la discapacidad no es falla, disfunción, pérdida o sufrimiento, sino un proceso biopolítico donde las variaciones corporales se postulan benignas en la medida en que el capacitismo llega a ser un engranaje nodal de la racionalidad neoliberal (Maldonado, 2020).

Sobre las perspectivas postestructuralistas y materialistas se encuentra que estas han dado forma a una nueva área de estudios en discapacidad, primero en el ámbito anglosajón y más recientemente en Latinoamérica, crítica de la omisión académica y sociopolítica de mujeres diverso-funcionales por parte de movimientos feministas y de discapacidad, y de la posterior relación colonialista basada en la regulación y el control biomédico de sus cuerpos, sexualidad y reproducción.

Como conclusión, en esta perspectiva se establece la importancia de las acciones colectivas, de los movimientos sociales y de los antecedentes teóricos que dan cuenta de las pujas por densificar nuevos nodos de sentido sobre la discapacidad, de expandir los horizontes en los que esos nodos toman cuerpo y se articulan con otros marcos epistémicos, retroalimentan ejes analíticos que abonan a inscribir "la cuestión de la discapacidad" en la corriente de estudios sobre racialidad, poder, necropolítica y a buscar espacios de encuentro y diálogo en las reflexiones sobre género, negritud, decolonialidad, desigualdad como algunas de las líneas de pensamiento que posibilitan una comprensión más compleja y crítica (Brogna, 2019). De allí que el camino de militancia para incluir el capacitismo como categoría interseccional se encuentra ahora con nuevos grupos de investigadores que reconocen en la discapacidad un campo de estudios amplio y complejo que merece y requiere seguir posicionándose no sólo en la agenda política sino en la académica a partir de la propia voz y experiencia de las PcD.

Frente a *las conclusiones del estado de la cuestión* la discapacidad ha sido abordada por diversas disciplinas y profesiones tales como educación, sociología, psicología, derecho y ciencias de la salud, en menos medida desde una perspectiva de las humanidades como la historia, literatura y filosofía, representa un reto y una necesidad expuesta en diversos textos revisados el acercamiento a la discapacidad desde la interdisciplinariedad y teniendo en cuenta las voces y miradas de las personas con discapacidad, dado que el lema expuesto por ellos mismos: "Nada sobre nosotros sin nosotros" aún no se evidencia en la literatura científica. Se evidencia que se ha dicho y escrito mucho sobre ellos, pero sin ellos.

También se evidencia que aún prevalece una mirada desde la deficiencia, la superación, la rehabilitación y la limitación de las PcD y aunque existen estudios que interpelan a los sujetos con discapacidad, en estos prevalecen los abordajes alrededor de los obstáculos o elementos facilitadores para la inclusión, las redes de apoyo que permitieron el que estas personas "lograran" mantenerse en los contextos como escuela, universidades, familia, empresa y una carencia evidente en abordajes sobre las capacidades, oportunidades y libertades que esta población ha tenido para su desarrollo como humanos. Para el caso de los estudios críticos de la discapacidad, si bien se reconoce la mirada estructural en el marco de unos discursos hegemónicos sobre el control de los cuerpos y formas de dominación descentrada en el sujeto con discapacidad, se evidencia una exposición teórica y epistemológica anti-capacitista sin lograr una profunda reflexión de lo que se entiende por capacidad más allá de plantear esta categoría como un discurso dominante del norte global.

Se siguen priorizando estudios en la perspectiva de incluir a las personas con discapacidad en diversos espacios especialmente en la escuela, la universidad y la empresa, pero pocos se preguntan sobre la pertinencia de inclusión y los agenciamientos discursivos que ésta categoría conlleva, incluso se siguen asignando los estereotipos, estigmas y mecanismos de exclusión e inclusión sin una revisión crítica y discutida con las personas con discapacidad sobre su experiencia, ejemplo de ello la inexistencia de estudios que indaguen, reflexionen y comprendan ¿qué son estas personas y qué son realmente capaces de hacer? dos preguntas eminentemente filosóficas que se plantean en el enfoque de capacidades y de las cuales aún no se tienen posibles repuestas.

En suma, como *punto de ruptura* podría considerarse que al revisar con detenimiento las publicaciones académicas en el campo de la discapacidad se evidencia la necesidad de profundizar la discusión, con investigaciones que aborden los significados de las experiencias de la dis-capacidad en PcD que se encuentren vinculadas al campo académico de la discapacidad (Correa-Urquiza, 2009; Gómez, 2014; Henao y Gómez, 2017; Yarza, Sosa y Pérez, 2019), más cuando es necesario abordarla desde una perspectiva crítica y comprensiva que trascienda lo instrumental y permita des homogenizar el abordaje de ésta para pensarla de manera particularizada y localizada, como una forma de vida que siempre está dispuesta a tocarnos y no como la advertencia de una desgracia o la búsqueda de la empatía inclusiva (Maldonado, 2020).

Asimismo, se desprende la necesidad de estudiar este fenómeno desde lo cualitativo, con un enfoque hermenéutico e interpretativo apelando al enfoque de capacidades de Nussbaum (2002) y la sociología de la experiencia (Dubet, 2010). Se pretende con esto, contribuir a la superación del paradigma dominante de investigación, que inclina la imagen de la persona con discapacidad hacia una percepción de enfermedad, vulnerabilidad y de precariedad, como también, develar las tensiones, límites o posibilidades que el enfoque de las capacidades planteado por Martha Nussbaum puede tener en la vida concreta una parte de la población con discapacidad en Colombia. La emergencia e impronta de este estudio es marcar un recorrido identificando los cambios interpretativos, los desplazamientos de significado y la expansión de los horizontes de sentido que las mismas personas con discapacidad le dan a su experiencia en un contexto como el colombiano.

Capítulo III.
La discapacidad: una aproximación a un concepto complejo

A lo largo de la historia de la humanidad el significado que las sociedades atribuyen a la discapacidad y a las personas con discapacidad ha adoptado diversas formas. A esto se suma el reconocimiento de las diferencias, la multiculturalidad y la defensa del pluralismo en el marco de los Estados democráticos en los que empiezan a emerger como sujetos de política social, una multiplicidad de grupos que habían sido históricamente excluidos y que, amparados en el derecho constitucional demandaban espacios en la agenda público-política con el fin de garantizar su reconocimiento como parte integrante de los estados Nación.

Es en estos desarrollos teóricos y legislativos es donde la discusión sobre la discapacidad se ha circunscrito no solo a un asunto clínico o de enfermedad, sino que se analiza desde una perspectiva interdisciplinar y compleja; donde las humanidades y las ciencias sociales tienen el reto de ampliar la discusión sobre cómo se entiende y concibe hoy la discapacidad y cuáles son las contradicciones y tensiones que se encuentran en los modelos existentes para su abordaje; lo anterior, entendiendo la discapacidad no como una condición de carencia o déficit sino como una experiencia que cualquier persona en su trayectoria de vida puede experimentar.

De acuerdo con lo anterior este capítulo desarrolla una aproximación a la discapacidad como concepto complejo, para tal propósito se inicia exponiendo los diversos modelos desde los cuales se ha estudiado la discapacidad como problema, seguidamente se presenta un análisis de la discapacidad desde el enfoque de las capacidades humanas apelando a las perspectivas de Sen y Nussbaum, para cerrar con un modelo que está tomando cada vez más fuerza y espacio en las discusiones de los estudios sobre la discapacidad como lo es el modelo post estructuralista.

3.1 MODELOS Y ENFOQUES EN EL ESTUDIO DE LA DISCAPACIDAD

Los estudios que han abordado la discapacidad y a las PcD se han desarrollado desde al menos, cuatro modelos generales: 1) Modelo de la prescindencia, eugenésico y de marginación; 2) Modelo médico y rehabilitador; 3) Modelo social y universal; y 4) Modelo de la diversidad, decolonial y crítico. Tales modelos, si bien han surgido en determinados momentos históricos, no podemos plantear que han dejado de existir, dado que aún se evidencian en los estudios y cohabitan en las múltiples formas que como sociedad vemos la discapacidad y las PcD. Para ampliar en la discusión sobre cómo se ha abordado la discapacidad y a las PcD, presentaremos las características de cada modelo y sus apuestas interpretativas.

3.1.1. Modelo de la prescindencia, eugenésico y de marginación

El primer modelo, propio de la antigua Grecia y Medioevo tiene un abordaje de la discapacidad desde la perspectiva eugenésica, de marginación, y prescindencia, las PcD hacían parte de los grupos de personas pobres y marginadas, subestimándolas y considerándolas objetos de compasión y de peligro inminente (Arnau y Toboso, 2008).

Se consideraba que la discapacidad tenía sus orígenes en causas religiosas, dando así un valor negativo a estas personas, pues se les consideraba como una "carga para la sociedad", por una parte se enfatiza que el submodelo eugenésico podría ser situado en la antigüedad clásica, mencionado que el nacimiento de un niño o niña con discapacidad era la consecuencia de un pecado cometido por los padres del mismo, generando pensamientos como "una vida con discapacidad no merecía la pena ser vivida", más la consideración acerca de su condición de carga (para los padres y para la sociedad), llevaba a prescindir de estas personas mediante prácticas eugenésicas, como el infanticidio en el caso de los niños y niñas (Arnau y Toboso, 2008). En esta perspectiva también se encuentra el submodelo de marginación, el cual consideraba y clasificaba a las PcD dentro del grupo de pobres y marginados, se generaba la exclusión y eran objetos de compasión y temor.

3.1.2. Modelo médico o rehabilitador

El modelo médico o rehabilitador (o asistencial) aborda la discapacidad como falta de capacidades, limitaciones y deficiencia en el funcionamiento de los cuerpos humanos, desde la Clasificación Internacional de la Deficiencia, la Discapacidad y la Minusvalía (CIDDM) la discapacidad es considerada una enfermedad que puede ser tratada. Este modelo tiene dos características elementales: en primer lugar sus orígenes no son religiosos, sino que pasan a ser médico-científicos, es decir ya no se culpabiliza ni a los pecados ni a Dios, pues se alude a la discapacidad en términos de "enfermedad" o como "ausencia de salud", en segundo lugar, se considera que las personas con discapacidad pueden tener algo que aportar a la comunidad, pero sólo en la medida en que sean rehabilitadas o normalizadas, y logren asimilarse a las demás personas (válidas y capaces) en la mayor medida posible (Arnau y Toboso, 2008).

Lo anterior se da mediante un proceso de "integración", siempre y cuando las personas con discapacidad se encuentren en un "proceso de normalización" a fin de poder obtener por parte de la sociedad un valor como personas "útiles", capaces de realizar sus acciones y así el tratamiento social otorgado se basa en una actitud paternalista y caritativa enfocada hacia las deficiencias de tales personas que se consideran, tienen menos valor que el resto.

En este modelo, las personas con discapacidad se convierten en "objetos médicos", y por ello, "sus realidades" son contempladas y explicadas desde un prisma exclusivamente medicalizado (y medicalizante). De ahí que el hecho de crear espacios "sobreprotegidos" para estas personas, tales como las instituciones especializadas para atender a las PcD, se viera como "lo normal, para personas especiales" (Arnau y Toboso, 2008).

3.1.3. Modelo social o universal

Una tercera forma de conceptualizar la discapacidad ha sido desde el modelo social o universal (Barnes, C. 2009; Bregain, 2013; Brogna, 2009; Ferrante y Venturiello, 2014; Rosato y Angelino, 2009; Munévar, 2013; Munévar y Pérez, 2016; Yarza 2020) el cual surge como rechazo a las formas de concebir la discapacidad en los modelos anteriores y propone que las causas originarias de la discapacidad son esencialmente sociales. Este modelo expone que la discapacidad no se da en las personas que presentan una condición "discapacitante", sino que es el contexto social y cultural los que detonan las barreras para que las personas con discapacidad no puedan aportar a la sociedad y satisfacer sus necesidades. Se parte de la premisa de que toda vida humana es igualmente digna (Nussbaum y Sen, 2004) y reivindica la aceptación plena de la diferencia de lo humano.

A esta perspectiva también se le ha vinculado el modelo universal el cual considera a la discapacidad como una condición universal (Oliver, 1996; Gómez y Cuervo, 2007; Maldonado 2020); es decir, la discapacidad es vista como parte de la condición humana, ya que los seres humanos son seres vulnerables que en algún momento del ciclo de vida requerirán un constante apoyo del medio para su desenvolvimiento pleno (Nussbaum, 2002).

Se señala que desde este modelo la discapacidad se entenderá como un concepto que se significa, experimenta y define de acuerdo con el momento histórico, a los nodos de sentido y a los esquemas cognitivos e interpretativos que se tienen frente a un grupo de personas que no cumplen con los cánones de "normalidad" establecidos por una sociedad, reconociendo que la discapacidad se corresponde con las posibilidades del reconocimiento de las capacidades de las personas (Sen y Nussbaum, 2004) capacidades que se encuentran vinculadas a un conjunto de funcionamientos y a las oportunidades que las personas en su capacidad de agencia tienen para el desarrollo de sus capacidades. Lo que permitirá tener la libertad de ser y hacer; también como la diversidad de características propias y externas de las personas a la hora de valorar la desigualdad en el logro de funcionamientos valiosos, un conjunto de funcionamientos que no debe limitarse a recoger el conjunto de funcionamientos posibles de una persona "normal", sino que debería ampliar su marco para dar cabida a funcionamientos diversos posibles para otras personas, al margen de esa ficción de "normalidad" como los son las personas con discapacidad (Toboso y Arnau, 2008).

Es importante señalar, que el modelo social se aparta del tratamiento de la discapacidad en función de criterios médicos, típica del modelo rehabilitador (Arnau y Toboso, 2008). Aun así, no se trata de ocultar una realidad médica que es innegable en muchos casos, sino de reducir al ámbito médico lo estrictamente sanitario y no mezclarlo con la problemática social derivada de la discapacidad. No son los médicos ni el modelo rehabilitador los que deben dictar la manera de vivir de una persona con discapacidad, sino ella misma la que de manera autónoma debe poder elegir libremente la forma en la que desea vivir.

Por lo tanto, en este modelo la discapacidad se conceptualiza como un fenómeno multidimensional resultado de la interacción entre el individuo y las características del contexto que lo rodean incluye deficiencias en las estructuras y funciones, limitaciones en la actividad y restricciones en la participación social. La discapacidad no implica solo a quien la presenta, sino que también afecta a sus cuidadores, familiares y entornos sociales más cercanos, aumentando el grado de vulnerabilidad, las barreras sociales y culturales que dificultan el desempeño dentro de la sociedad actual (Zambrano, 2009; Montoya y Rodríguez, 2015; Baltazar, Valderrama, Sánchez y Vásquez, 2016; Bueno, 2012; Victoria, 2013; Gómez y Cuervo, 2007; Bermúdez, 2020).

Cuando se plantea en el modelo social, que las causas originarias de la discapacidad son eminentemente sociales, se alude a que en el marco de sociedades que respetan la dignidad humana, se propende por la justicia social y se proclaman los derechos humanos sobre la base de principios de igualdad y equidad.

Estos desarrollos teóricos también han influido en la Clasificación Internacional del Funcionamiento donde la "discapacidad abarca todas las deficiencias, las limitaciones para realizar actividades y las restricciones de participación, y se refiere a los aspectos negativos de la interacción entre una persona (que tiene una condición de salud) y los factores contextuales de la persona (factores ambientales y personales)" (CIF, 2010, p.24). Como se evidencia en esta definición, no se aborda la discapacidad como una enfermedad sino en clave a la interacción de una persona (que tiene una condición de salud, sin que esto sea el eje central de la definición) con el medio, las restricciones de participación y los factores contextuales de la persona.

También las normativas internacionales le han dado el sentido a la discapacidad desde las causas sociales, a partir del Programa de acción mundial para los impedidos se establece el período 1983-1992 como Decenio de las Naciones Unidas para las personas con discapacidad, para la fecha de 1992 ya no se tenía como referencia persona inválida, sino persona con discapacidad, ya se hacía alusión a la categoría de discapacidad, que buscaba mejor la prevención de la discapacidad, la rehabilitación y la igualdad de oportunidades, que busca la plena participación de las personas con discapacidad.

Después de ello, la Declaración de Cartagena de Indias (1992) sobre políticas integrales para las personas con discapacidad en el área iberoamericana, se estableció que la persona con discapacidad tiene derecho a que se respete su dignidad humana y a disfrutar de una vida decorosa, lo más normal y plena que sea posible, cualquiera que sea el origen, la naturaleza o la gravedad de sus trastornos y deficiencias.

El modelo social se ha desarrollado en las normativas tanto nacionales como internacionales. A nivel internacional se encuentra la Convención sobre los derechos de las Personas con Discapacidad de la ONU (2006), la cual plantea un cambio de paradigma en los enfoques de la discapacidad, al pasar de un modelo en el que las personas con discapacidad son tratadas como objeto de tratamiento médico, caridad y protección social a un modelo en el que las personas con discapacidad son reconocidas como titulares de derechos humanos, activas en las decisiones que influyen en su vida y capacitadas para reivindicar sus derechos. Este enfoque considera que las barreras de la sociedad, como los obstáculos físicos y las actitudes negativas, a que se enfrentan las personas con discapacidad son los principales obstáculos para el pleno disfrute de los derechos humanos.

El propósito de la Convención es promover, proteger y asegurar el goce pleno y en condiciones de igualdad de todos los derechos humanos y libertades fundamentales por todas las personas con discapacidad, y promover el respeto de su dignidad inherente.

En el contexto colombiano se adoptan las disposiciones de la ONU (2006) mediante la Ley de Discapacidad 1346 de 2009, Art. 1°, como también en los pronunciamientos relacionados con las personas con discapacidad 1991 - 2015 del Viceministerio de Promoción de la Justicia, Dirección de Justicia Formal y Jurisdiccional de Colombia y en el Normograma de Discapacidad para la República de Colombia 2019 del Ministerio de Salud y Protección Social.

La perspectiva teórica del desarrollo humano es retomada en el modelo social; esta invita a comprender la discapacidad desde la diversidad como posibilidad para que las poblaciones históricamente excluidas y estigmatizadas gocen de los principios de dignidad humana, justicia social, ampliación de oportunidades, reconociendo que las personas pueden desarrollar sus capacidades, ser reconocidas por éstas y generar nuevas formas de relacionamiento y cooperación.

El enfoque de las capacidades puede definirse provisionalmente como una aproximación particular a la evaluación de la calidad de vida y a la teorización sobre justicia social básica. En él se sostiene que la pregunta clave que cabe hacerse cuando se comparan sociedades y se evalúan conforme a su dignidad o a su justicia básica es: ¿qué es capaz de hacer y ser cada persona? Dicho de otro modo, el enfoque concibe cada persona como un fin en sí misma, y no se pregunta solamente por el bienestar total o medio, sino también por las oportunidades disponibles para cada ser humano. Está centrado en la elección o en la libertad, pues defiende que el bien crucial que las sociedades deberían promover para sus pueblos es un conjunto de oportunidades (o libertades sustanciales) que las personas pueden llevar, o no llevar, a la práctica: Ellas eligen.

En el campo académico de la discapacidad el modelo social ha permitido reconocer en el mundo de la vida de las PcD que los avances científicos se acercan más al conocimiento de la naturaleza humana y este avance ha consistido en responder a las preguntas sobre ¿qué es la vida y cómo se prolonga? en este mismo campo y a partir de los aportes de la fenomenología y de las ciencias sociales y humanas se hacen otras preguntas para reconocer entender y comprender la vida en su interacción con el medio social, reconocer que somos seres eminentemente sociales, este avance ha permitido el cuidado protección y llenar de derechos la vida, por ende la conciencia de la existencia se genera en ese reconocimiento de quienes somos y mostrarnos coherentes con el estado de la vida, su autonomía, identidad y dignidad que hay en cada existencia.

También con los *Disability Studies* y los desarrollos del Movimiento de Vida Independiente cuya pretensión es "comprender que la resignificación sociológica de conceptos como discapacidad, corporalidad, opresión, normalidad/anormalidad no puede entenderse fuera de los campos donde se pugna por la redefinición del sentido social, cultural, simbólico y político de las situaciones que dichos términos aluden. Tampoco pueden resignificarse aislando la forma en la cual la sociedad naturaliza y legitima la existencia de parámetros distintivos de y entre lo humano, estándares arbitrariamente aceptados y aceptables de formas de ser y estar en el mundo. La naturalización y legitimación hegemónica se transforman en un mandato que adquiere diversos nombres como clasismo, sexismo, racismo, capacitismo se expresa bajo distintas máscaras, aunque oprime, segrega y subvalora a diferentes grupos de la población a través de la construcción de sentidos sobre las diferencias" (Brogna, 2019, p.28,). Estas perspectivas han puesto en tensión el modelo social y han permitido la construcción de otros modelos como los que a continuación expondremos.

3.1.4. Modelo de la Diversidad – Decolonial y Crítico

La cuarta forma de abordar y significar la discapacidad ha sido a partir del modelo de la diversidad, el cual considera que es fundamental para aceptar definitivamente el hecho de la diversidad humana (incluida, la discapacidad) la necesidad de superar la dicotomía conceptual: "capacidades" / "discapacidades". En este modelo, todas las personas tienen un mismo valor moral y, por lo tanto, deben tener garantizados los mismos derechos humanos.

En este modelo se plantea que es importante abrir nuevos horizontes para pensar la discapacidad, y re-conocerla como un campo científico, político y social con entidad propia; bajo esta perspectiva, se aborda la discapacidad como el espacio social que, siendo común a muchas personas, no es generalizable ni universal, y es así porque define las experiencias vitales de un grupo de personas, asumidas y problematizadas de acuerdo con diferentes ejes o intersecciones (raza, religión, clase, género entre otros) en tanto que tener discapacidad no excluye estar inmerso/a en otras situaciones sociales (Brogna, 2019; Gómez, 2014; Millán, 2019; Vite, 2020; Bustos, 2020; Núñez, 2020; Yarza, 2020; López, 2020; Castelli, 2020; Villa Rojas, 2020).

La discapacidad aglutina a una multidiversidad funcional que tiene en común no pasar por "normal", regular o convencional, es la excepción a la regla, que produce una disyunción (separación o desunión), en sentido gramatical quiere decir que en la relación de dos o más elementos uno excluye a los demás. También argumentan que la discapacidad puede ser vista como un advenimiento, algo que ocurre y para lo cual no estamos preparados y que exige des-normalizarnos, acceder a otros caminos y sentidos de la vida, experimentar un tiempo otro (Millán, 2019).

Otra mirada de la discapacidad dentro del modelo crítico y decolonial, expone que la discapacidad es producto de un discurso hegemónico dominante que plantea unas estrategias de normalización y que a pesar de instituir en el discurso el concepto de la inclusión, perpetúa la opresión y la invisibilización de las poblaciones marginales, pues en el intento de abarcar un todo social, como una única forma de ser y de estar, bajo constructos teóricos que se constituyen en imaginarios sociales que en sí mismos son legítimos y legitimados por las prácticas, tanto políticas como sociales, llevan a afirmar, que la discapacidad y por ende la vulneración se encuentran en una relación de opresión (Rojas, 2013; Schewe, 2020).

3.1.5. A portas de un quinto modelo: Abordaje postestructuralista de la discapacidad

Se inició este capítulo planteado la discapacidad como un problema que históricamente ha sido abordado desde las diadas, normal / anormal, inclusión / exclusión, bueno / malo. Es justamente en la crítica a esas diadas del modelo de diversidad, crítico y decolonial donde se ha venido proponiendo un abordaje de la discapacidad que pone en discusión las normas, los valores, las representaciones sobre las cuales se han venido instalando esas diadas y se construye una idea de normalidad que ha generado tanto las brechas en las que concebimos a los otros en sus diferencias como también en el establecimiento de unos modelos estéticos de belleza y orden dado por unos dispositivos de poder y normalización (Foucault, 2002).

Dentro de este modelo, se considera pertinente mencionar las teorías queer y crip, donde ambas teorías aportan para la conceptualización de la discapacidad el desnaturalizar categorías de normativización corporal "feminismo/ masculino, capacidad/discapacidad, sano/enfermo, homosexual /heterosexual" (Gómez y García, 2017, p.1) e identificarlas dentro del sistema de regulación corporal, reconociendo que no existe una oposición entre sexo y género "en el que el primero venga marcado por la naturaleza y el segundo sea configurado por la cultura, sino que el género es, al mismo tiempo adscrito y adquirido" (p.29), lo anterior porque el género se atribuye al nacimiento, sin embargo, es reconstruido por la sociedad y los ideales y percepciones del sujeto mismo.

Los planteamientos de la teoría crip han demostrado que las categorías anteriormente mencionadas, entre ellas la discapacidad, no son categorías monolíticas sino por el contrario sus significados están asociados a asuntos culturales, si bien, el modelo decolonial y crítico parten de algunos postulados de estas teorías, se considera que los aportes de las discusiones sobre el género y lo crip están gestando un nuevo modelo de abordaje de la discapacidad que hemos denominado el post estructuralista apelando a los aportes de Michal Foucaul (2002) Robert Mcruer (2021) y de Judith Butler (2021).

Es justo en estas discusiones donde ha venido tomando fuerza la teoría crip propuesta por Rober Mcruer (2021) la cual parte de la crítica a la normalidad que movimientos de personas con discapacidad han venido generando, ubicando el concepto de cuerpos normativos, y los problemas que ha traído la capacidad corporal en la construcción de identidades capacitistas "casi todo el mundo, al parecer, también quiere ser normal en el sentido capacistista. En consecuencia, el cuestionamiento crítico de la discapacidad corporal no siempre ha sido bien recibido" (Mcruer, 2021, p. 25).

A esto se suma, cómo en el sistema capitalista industrial emergente, ser libre para vender la propia fuerza de trabajo, pero no ser libre para hacer ninguna otra cosa, en realidad significaba ser libre para tener un cuerpo capacitado, pero no se era especialmente libre para tener nada más.

Otro fundamento de la teórica crip es la propuesta desarrollada por Judith Butler (2021) sobre la cual se discute la manera en que el género está sustentado en normativas obligatorias, se parte de entender cómo la capacidad corporal obligatoria y la heterosexualidad obligatoria están entrelazadas. Mcruer indica que las teorías queer sobre la performatividad del género podrían aplicarse fácilmente a los estudios sobre discapacidad dado que los términos de Butler sobre género y sexualidad podrían sustituirse literalmente por términos relacionados con la corporalidad.

Tal como se evidencia en los postulados del siguiente apartado donde las categorías de género y sexualidad Mcruer (2021) citando a Butler las sustituye, entre corchetes por capacidad corporal:

> La [capacidad corporal] proporciona posiciones normativas (...) que son intrínsecamente imposibles de encarnar, y el fracaso permanente para identificar plenamente y sin incoherencias con estas posiciones demuestra que [la capacidad corporal] en sí misma no es solo una ley obligatoria, sino una comedia inevitable. En realidad, yo definiría esta idea de la [identidad capacitada] como un sistema obligatorio y una comedia intrínseca, una parodia permanente de sí misma, y como una perspectiva alternativa de la discapacidad (Mcruer, 2021, p. 28, retomando a Butler, 1990).

Continuando con Mcruer (2021) "la teoría de Butler sobre el género en disputa podría resignificarse en el contexto de los estudios queer / de la discapacidad para resaltar lo que podríamos llamar "la capacidad en disputa", es decir, no en el sentido del llamado problema de la discapacidad, sino en la inevitable imposibilidad, incluso cuando se hace obligatoria, de una identidad corporalmente capacitada (p. 28).

La teoría crip plantea que todos tenemos virtualmente una discapacidad, tanto en el sentido en que las normas de la capacidad corporal son "intrínsecamente imposibles de encarnar" por completo y en el sentido de que el estatus de capacidad corporal es siempre temporal, ya que la discapacidad es la única categoría de identidad que todas las personas van a encarnar si viven lo suficiente. Sin embargo, lo que podríamos llamar una posición críticamente discapacitada diferiría de esa posición virtualmente discapacitada; aquella posición llamaría la atención sobre las formas en que el movimiento por los derechos de las PcD y los estudios sobre la discapacidad se han resistido a las demandas de la capacidad corporal obligatoria y han exigido el acceso a una esfera pública recientemente imaginada y configurada donde la participación plena no depende de un cuerpo capacitado. (Mcruer, 2021, p. 53). En este sentido la crítica queer y la discapacidad severa tienen que ver con la trasformación colectiva (de formas que no necesariamente pueden predecirse de antemano) —con volver crip— los usos materiales y sustantivos a los que la existencia queer / con discapacidad ha sido expuesta por un sistema de capacidad corporal obligatoria, y con imaginar los cuerpos y los deseos de otra manera (Mcruer, 2021, p. 55).

Pero ¿qué se entiende por el término crip? Desde los postulados de Rober Mcruer este término se inspira en el término *queer10* retoma del uso peyorativo que han recibido las personas con discapacidad como raros, *creepie* en inglés, sin embargo, se ha ampliado para incluir no solo a aquellas personas con daños corporales físicos, sino también a aquellas personas con daños sensoriales o mentales.

Se indicó que los postulados de este abordaje de la discapacidad se inspiran en los estudios de Foucault (2002), planteando cómo en los cuerpos dóciles se producen en una serie de espacios culturales: el aula, la clínica, el manicomio, el lugar del trabajo. Cuerpos que van a ser objetos del poder y las normas sociales que implantan dispositivos de control. De ahí que los cuerpos *queer* / crip "pueden ayudar a mantener nuestra atención en cuerpos compositivos inapropiados, disruptivos, cuerpos que invocan el horizonte futuro más allá de la composición correcta (heterosexual) o capaz. (Mcruer, 2021, p. 207).

La Teoría Crip se basa en los siguientes principios que como bien plantea el propio Mcruer (2021) implican:

1. Reivindicar la discapacidad y una política de identidad de la discapacidad al mismo tiempo que se alimenta una relación de oposición necesaria con esa política de identidad.

10. *Queer* en castellano no tiene una traducción precisa, podría traducirse como marica, bollera, travelo, transmaricabollo, rarito/a. (Mcruer, 2021, pág 58) Para Butler lo queer se refiere a la "amplia red de posibilidades, huecos, solapamientos, disonancias y resonancias, lapsos y excesos de significado que hallamos cuando los elementos constitutivos del género o la sexualidad de cualquier persona no están hechos para (o no se les puede hacer) significar de forma monolítica.

2. Reivindica la historia queer de la salida del armario, “salgamos de los armarios a la calle” mientras simultáneamente se responde con descaro a la cultura de los padres / madres (o, para el caso, a cualquier cultura parental, incluidos los estudios sobre la discapacidad o el movimiento de los derechos de las PcD). Responder con descaro a la cultura de los padres / madres queer implicaría rechazar las diversas formas en que la visión LGBT de salir del armario se ha convertido (y las formas en que la salida del armario de la discapacidad se puede convertir), en, por ejemplo, el descubrimiento, el anuncio, y la celebración de la diferencia individual o individualizada.
3. Exigir que, como diría el Foro Social Mundial, otro mundo sea posible, o que, dicho de otra manera, un mundo accesible sea posible. Sin embargo, el “acceso” debe entenderse, tanto de manera muy específica como de manera muy amplia, a nivel local y mundial.
4. Insistir en que, aún más, un mundo discapacitado es posible y señalar que el movimiento anti-globalización y otros movimientos de izquierda que no sean capaces de asumir esta idea que un mundo discapacitado es posible y deseable, o que la vean como contraintuitiva, necesitan volverse crip. De hecho, la mayoría de los movimientos de izquierda, incluida la mayoría de los movimientos *queer*, no pueden concebir esa idea porque en general están atados a modelos liberacionistas que necesitan la discapacidad como esa materia prima contra la que se forma el mundo futuro imaginado.
5. Ir “más allá de las rampas”, como lo llama Marta Russel, y tratar cuestiones de cómo se conciben, se materializan, se dan forma espacial, y se habitan las culturas de la discapacidad o la discapacidad privadas o privatizadas versus públicas, o como las “geografías de desarrollo desigual” se asignan a cuerpos marcados por diferencias, de raza, clase, género y capacidad (p. 103-105).

Entonces, ¿Cómo se entiende la discapacidad desde la teoría crip? La discapacidad se refiere a la amplia red de posibilidades, huecos, solapamientos, disonancias y resonancias, lapsos y excesos de significado que hallamos cuando los elementos constitutivos del funcionamiento corporal, mental o conductual no están hechos para (o no se puede hacer) significar de forma monolítica (Mcruer, 2021, p. 208). Por tanto, se podría indicar desde la perspectiva de Mcruer que todas las personas somos discapacitadas/queer, ya que todos nosotros (en algún momento y en cierta medida, o en cierta medida en la mayoría de los momentos) habitamos cuerpos compuestos que existen antes de que se dé una integración exitosa de todas estas características.

Aquí entonces se evidencia otro elemento fundamental en la teoría crip que es la composición de la discapacidad y la des composición en la práctica. Esta refiere a cómo una teoría crip de la composición aboga por la universalización temporal o contingente de lo queer /la discapacidad. La des-composición crítica, se produce cuando nos reorientamos alejándonos de y hacia los cuerpos compositivos —las corporalidades alternativas y múltiples— que continuamente garantizan que las cosas puedan ser de otra manera. La des-composición crítica, en otras palabras, implica reconocer y participar en los movimientos múltiples e interseccionales, que devolvería la vista desde arriba, vivir en significados y cuerpos que tengan una oportunidad en el futuro.

En esta perspectiva los análisis de Butler en su libro *Deshacer el Género* dan pistas interesantes y posibles para fortalecer este abordaje de la discapacidad, veamos algunos elementos que pueden resultar potentes.

Butler (2021) plantea que estamos constituidos políticamente en virtud de la vulnerabilidad social de nuestros cuerpos; estamos constituidos por los campos del deseo y de la vulnerabilidad física, somos a la vez públicamente asertivos y vulnerables (p. 36) es decir, que no somos del todo autónomos, ni libres, sino que nuestros cuerpos están expuestos a una vulnerabilidad social y en este sentido cuando hablamos de "*mi* sexualidad y *mi* género, tal como lo hacemos (y tal como debemos hacerlo) queremos decir algo complicado. Ni mi sexualidad ni mi género son precisamente una posesión, sino que ambos deben ser entendidos como maneras de ser desposeídos, maneras de ser para otro o, de hecho, en virtud de otro. (Butler, 2021, p. 38). Estos nos dan pistas para entender que así como el género, la discapacidad no es un atributo propio de la persona que la "tiene" sino que la discapacidad es una categoría instalada socialmente por otros y en virtud de otros para dar —incluso identidad— a una grupo de personas que no cumplen con los mandatos normativos del funcionamiento corporal normal,

> el cuerpo implica mortalidad, vulnerabilidad, agencia: la piel y la carne nos exponen a la mirada de otros, pero también al contacto, y a la violencia. El cuerpo también puede ser agencia y el instrumento de todo esto, o el lugar donde (el hacer) y el (ser hechos) se tornan equívocos, aunque luchemos por los derechos de nuestros propios cuerpos, los mismos cuerpos por los que luchamos no son nunca del todo nuestros, el cuerpo tiene invariablemente una dimensión pública; constituido como fenómenos sociales en la esfera pública, mi cuerpo es y no es mío. (Butler 2021, p. 40 y 41).

Aquí la discusión de Butler se puede retomar para estudiar la experiencia de la discapacidad en tanto que se puede considerar

> que los cuerpos humanos no se experimentan sin recurrir a una cierta idealización, a algún marco para la experiencia misma, y que esto es cierto tanto para la experiencia del propio cuerpo como para la experiencia de otro cuerpo, y si aceptamos que la idealización y el marco se articulan socialmente, podemos darnos cuenta de que no puede darse la incorporación (*embodiment*) sin relacionarla con una norma o con una serie de normas. Así pues, la lucha para rehacer las normas a partir de las cuales se experimentan los cuerpos es crucial, no solo para las políticas concernientes a las minusvalías, sino también para los movimientos intersex y transgénero, ya que estos cuestionan los ideales que se imponen sobre como deberían ser los cuerpos (p. 50).

Estos postulados nos hacen preguntarnos ¿quién se considera como humano y qué normas rigen la apariencia de la cualidad (real) del ser humano? Sin duda las PcD en el campo académico nos cuestionan no solo lo que es real y lo que debe serlo, sino también, nos muestran cómo pueden ser cuestionadas las normas que rigen las nociones contemporáneas de realidad y cómo se constituyen estos nuevos modos de realidad. Estas prácticas de instituir nuevos modos de realidad tienen lugar, en parte, en la escena de la incorporación, entendiendo el cuerpo no como un hecho estático y ya realizado, sino como un proceso de envejecimiento, un devenir en el que el cuerpo, al convertirse en algo diferente, excede la norma y nos hace ver cómo las realidades a las cuales creíamos estar confinados no están escritas en piedra (Butler, 2021, p. 52).

Otro elemento fundamental en el análisis de Butler y que surge en la mirada de este enfoque de los estudios sobre discapacidad es la discusión que plantea sobre el diagnóstico. En su capítulo diagnosticar el género, plantea cómo el diagnóstico es un debilitador e incluso homicida, dada su fuerza patologizante; plantea cómo las intervenciones que requieren de un profesional de la salud mental cuando se desea hacer una transición introducen una estructura paternalista en el proceso y minan la misma autonomía que es la base de la que se parte para afirmar el propio derecho. Se le pide a un terapeuta que se preocupe de si serás psicológicamente capaz de integrarte en un mundo social establecido caracterizado por una conformidad a gran escala a las normas aceptadas del género, pero no se le pide al terapeuta pronunciarse sobre si eres suficientemente valiente o tienes suficientemente apoyo comunitario para vivir una vida transgénero que implicará un aumento potencial de la violencia y la discriminación contra ti. (Butler, 2021, p. 125).

También se discute cómo, solo hasta que se reconoce el cambio de género o la discapacidad como enfermedad o trastorno, las personas pueden tener acceso a las pólizas de seguro y a los procedimientos médicos especializados.

> La diagnosis es una forma de reconocimiento social, si esa es la forma que toma el reconocimiento social y si es sólo a partir de ese tipo de reconocimiento social que terceras partes, incluyendo el seguro médico, estarían dispuestas a pagar los cambio médicos y tecnológicos que a veces se desean ¿es posible deshacerse de la diagnosis completamente? (Butler, 2021, p.147).

Lo anterior nos pone en evidencia cómo el enfoque médico rehabilitador sigue siendo un enfoque necesario y utilizado no solo por profesionales de la salud para abordar la discapacidad sino también por las mismas personas con discapacidad o cuidadores para acceder a derechos y acceder a tratamientos que requieren para mejorar sus funcionamientos.

> Afirmar un derecho no es lo mismo que tener un poder para ejercerlo, y en ese caso el único derecho reconocible que queda a mano es el (derecho a recibir tratamiento para un trastorno y a disfrutar de las ventajas que ofrecen los subsidios médicos y legales que buscan rectificarlo). Se ejercita este derecho sólo tras someterse a un discurso patologizador y, al someterse a dicho discurso, también se obtiene cierto poder, cierta libertad (Butler, 2021, p. 147).

En conclusión, podemos plantear que este modelo post estructuralista pone en el centro del análisis no a las PcD sino a las estructuras normativas sobre las cuales se ha abordado la discapacidad, reconoce que ha sido una construcción normativa para darle humanidad a unos otros (PcD) que no han sido vistos como humanos y que en esa perspectiva vale la pena preguntarse sobre la forma en cómo se han construido tales normas, los derechos a la población con discapacidad y el reconocimiento desde una estructura que apela al diagnóstico para asignar una identidad. También pone en el centro de análisis las formas como son vistos e intervenidos los cuerpos no normativos y cómo estos cuerpos ubican otras realidades que hasta ahora no han sido cuestionadas e interpeladas más allá del marco de un sistema legal que las reduce a un diagnóstico o patología y deben ser tenidas en cuenta como posibilidades reales, cotidianas y concretas por las que todos los seres humanos hemos transitado o transitaremos.

Como se ha indicado, nuestro interés es poder analizar los significados que las PcD construyen sobre la discapacidad por lo que reconocemos la existencia de los diversos modelos de abordaje, pero mantenemos nuestra especial atención en la categoría misma de la discapacidad, por lo que profundizaremos en el marco de los análisis que se han realizado del enfoque de capacidades para posterior a esta revisión teórica contrastar los significados que las PcD en el campo académico construyen desde su experiencia de la discapacidad.

3.2 ENFOQUE DE LAS CAPACIDADES

El enfoque de las capacidades se instala desde los aportes del desarrollo humano de Amartya Sen (2000), este enfoque ha aportado reflexiones sobre la importancia del desarrollo de las capacidades y ampliación de oportunidades para todos los seres humanos y ha sido retomado para avanzar en las discusiones tanto teóricas como jurídicas en los estudios sobre discapacidad y justicia social. En el enfoque de capacidades se identifican al menos tres niveles de análisis en relación con el cómo significar la capacidad; una primera forma es concebir la "capacidad" como lograr efectivamente algo, luego hay que pasar a la idea de "capacidad para funcionar", y por último a la noción de "conjunto de capacidades", que es el formado por todos los funcionamientos de los que es capaz la persona.

Como lo dice Nussbaum (2007), la capacidad para funcionar añade a la noción de funcionamiento la posibilidad real de elegir funcionar o no. No se trata sólo de tener permiso para hacerlo, sino también de disponer de los recursos oportunos y de lo necesario para aprovecharlo. Así, para que una persona con discapacidad pueda desplazarse (funcionamiento) necesitará más recursos y un entorno social más favorable. Dicho de otra manera, los mismos recursos disponibles no se traducen automáticamente en igual capacidad para funcionar, puesto que no se puede prescindir del elemento fundamental que es la diversidad de características personales y circunstancias sociales de cada caso (Nussbaum, 2007).

3.2.1. Enfoque de las capacidades desde Amartya Sen

La tesis central de Sen (2000) es el análisis integrado de las actividades económicas, sociales y políticas en las que interviene una serie de variadas instituciones. Se centra en el papel y las interconexiones de ciertas libertades instrumentales fundamentales en las cuales se encuentran las oportunidades económicas, las libertades políticas, los servicios sociales, las garantías de transparencia y la seguridad económica (Sen, 2000).

Bajo estos postulados Sen (2000) plantea que hay cinco tipos distintos de libertad las cuales son:

1. Las libertades políticas, donde también se incluyen los derechos humanos, son las oportunidades de los individuos para decidir quién nos debe gobernar y con qué principios, y comprenden los derechos que acompañan a la democracia en el sentido más amplio de la palabra.
2. Los servicios económicos, que son las oportunidades de los individuos de utilizar los recursos económicos para consumir, producir o realizar intercambios. En la relación entre la renta nacional y la riqueza, por una parte, y los derechos económicos de los individuos, por otra, son importantes no sólo las consideraciones agregadas sino también las distributivas, tanto como la forma en que se distribuyen las rentas nacionales.
3. Las oportunidades sociales, que hacen referencia a los sistemas educativos, la sanidad, etc., e influyen positivamente en la vida privada, como es lógico, pero también en las actividades económicas y políticas.
4. Las garantías de transparencia hacen referencia al mínimo grado de confianza que pueden esperar los individuos: la libertad para interrelacionarse con la garantía de divulgación de información y claridad. Estas garantías inciden de forma patente en el sentido ético de las actividades de los individuos, pues sirven para prevenir la corrupción, la irresponsabilidad financiera y los tratos poco limpios.
5. La seguridad protectora es vital para proporcionar una red de protección social que impida que la población más vulnerable, ante los cambios materiales que afectan negativamente a su vida, caiga en la mayor de las miserias y, en ciertos casos, incluso en la inanición y la muerte. Aquí entramos de lleno en la política social, al tener en cuenta los mecanismos institucionales "fijos", como las prestaciones por desempleo y las ayudas económicas fijadas por ley para los indigentes, así como los mecanismos ad hoc, como las

ayudas para aliviar las hambrunas o el empleo público de emergencia para proporcionar unos ingresos a los pobres.

Cada uno de estos tipos de libertades que también se expresan en oportunidades, contribuyen a mejorar la capacidad general de una persona, a su vez indica que las restricciones de estas libertades y la escasez de oportunidades van a restringir la calidad de vida.

Otro elemento importante para el análisis del concepto de discapacidad que vale la pena rescatar de la propuesta de Sen (2000) es la necesidad de transitar del lugar de paciente al de agente, expone esta diferenciación en el marco del papel de la mujer, sin embargo, puede aplicarse para las PcD. El propender por que las PcD sean agentes, permitirá ir más allá del bienestar de las PcD, también para sus familias y cuidadores. La capacidad de agencia de las PcD así como el de las mujeres, es una de las cuestiones que se tienen más descuidadas en los estudios, nada será más necesario que se reconozca como es debido la participación y el liderazgo en el terreno político, económico y social de las PcD.

El hecho de que el agente también deba verse como paciente no altera las modalidades y responsabilidades que van unidas a la agencia de una persona. Ver en los individuos entidades que experimentan y tienen bienestar es un importante reconocimiento, pero si nos quedáramos ahí tendríamos una visión muy limitada de las mujeres como personas.

> Comprender el papel de agencia es pues, fundamental, para reconocer que las personas son personas responsables: no solo estamos sanos o enfermos, sino que además actuamos o nos negamos a actuar de una u otra forma. Y, por lo tanto, nosotros —mujeres y hombres— debemos asumir la responsabilidad de hacer cosas o de no hacerlas. Este reconocimiento elemental, aunque es bastante simple en principio, puede tener exigentes implicaciones, tanto para el análisis social tanto como para la razón y la acción práctica (Sen, 2000, p.234).

Además de los aportes del enfoque de capacidades de Sen (2000) en cuanto a lo que respecta a las libertades, oportunidades y el papel de agencia de las personas, el principio de la igualdad expone él, condena la provisión igual de bienes de una persona sana y de una persona enferma, porque se necesitan más recursos para hacerle posible a este último el movimiento, un desiderátum que no considera una métrica de la existencia de riqueza. En tal virtud, Sen hace una crítica a los igualitaristas como Rousseau y Rawls en tanto parten de concebir una distribución de bienes por igual y no por los requerimientos de oportunidades para el bienestar de quienes necesitan apoyos especiales de acuerdo con su diversidad.

Para Sen (2000) tener capacidad es ser capaz de lograr una gama de lo que él llama funcionamientos. Pero Sen caracteriza a los funcionamientos de diferentes maneras en ocasiones distintas, y así aumenta lo impreciso de la presentación de su punto de vista. A veces, de conformidad con el significado ordinario de funcionamiento, y de acuerdo con la glosa original de Sen sobre la capacidad como el ser capaz de hacer ciertas cosas básicas, un funcionamiento es por definición una actividad, algo que hace una persona.

Retomando el concepto de capacidades desde Sen es una noción del tipo "libertad", y los vectores de funcionamiento accesibles para una persona determinan su "libertad para estar bien". Sen la asocia con la idea marxista de una persona que desarrolla todo su potencial mediante la actividad, lo que se debe contrastar con la idea de una persona que encuentra su *summum bonum* en el consumo pasivo.

3.2.2. Enfoque de las capacidades desde Martha Nussbaum

Nussbaum (2017), parte de dos preguntas centrales para desarrollar su propia versión del enfoque de las capacidades ¿qué son las personas en general (y cada una de ellas en particular) y qué son realmente capaces de hacer?

El enfoque de las capacidades puede definirse provisionalmente como una aproximación particular a la evaluación de la calidad de vida y a la teorización sobre justicia social básica. En él se sostiene que la pregunta clave que cabe hacerse cuando se comparan sociedades y se evalúan conforme a su dignidad o a su justicia básica es: ¿qué es capaz de hacer y ser cada persona? Dicho de otro modo, el enfoque concibe cada persona como un fin en sí misma, y no se pregunta solamente por el bienestar total o medio, sino también por las oportunidades disponibles para cada ser humano. Está centrado en la elección o en la libertad, pues defiende que el bien crucial que las sociedades deberían promover para sus pueblos es un conjunto de oportunidades (o libertades sustanciales) que las personas pueden llevar, o no llevar, a la práctica: Ellas eligen. Es por lo tanto un enfoque comprometido con el respeto a las facultades de autodefinición de las personas.

Es decididamente pluralista en cuanto a valores: Sostiene que las capacidades que tienen una importancia central para las personas se diferencian cualitativamente entre sí y no solamente cuantitativamente, que no pueden reducirse a una sola escala numérica sin ser distorsionadas y que una parte fundamental de su adecuada comprensión y producción pasa por entender la naturaleza específica de cada una de ellas. Por último, el enfoque se ocupa de la injusticia y las desigualdades sociales arraigadas, y, en especial, de aquellas fallas y omisiones de capacidades que obedecen a la presencia de discriminación o marginación (Nussbaum, 2012, p. 38 – 39).

A diferencia del enfoque de capacidades de Sen (2000) que se pregunta por la satisfacción de la gente o de los recursos que la gente está en condiciones de manejar, el de Nussbaum propone ¿qué es lo que la gente es capaz de ser y de hacer? (Nussbaum, 2012, p. 40) y de esta manera poder cuestionarse sobre la igualdad y la desigualdad social. Tal como lo indica Nussbaum (2012)

> Sen se ha centrado en el papel de las capacidades en la demarcación del espacio dentro del cual se realizan las mediciones de calidad de vida; yo utilizo la idea de un modo más exigente, como fundamento para principios básicos que las garantías constitucionales deberían suscribir (p. 112).

Tomar este modelo para explicar los significados de la discapacidad, nos lleva a preguntarnos ¿qué pueden ser y hacer las personas con discapacidad?, al tiempo que nos alejamos del cuestionamiento sobre la satisfacción, es decir, si esta población está o no satisfecha.

Compartimos con Nussbaum que no es pertinente preguntarnos acerca de la satisfacción de la persona con lo que hace, o por los recursos disponibles; sino más bien, propender por cuestionar si aquello que hace, está en condiciones de hacer, y si los recursos existentes permiten que las personas con discapacidad funcionen de un modo plenamente humano (Nussbaum, 2012, p. 112).

Otro de los componentes fundamentales es que "el enfoque de las capacidades no descansa sobre la idea de que el contrato social ha de ser mutuamente ventajoso para todos sus participantes" (Nussbaum, 2017,p.119) por lo que nos pone de frente con una idea de justicia social compleja, que si bien, se acerca a las concepciones liberales de la justicia[11], este enfoque no pretende ofrecer una teoría completa de la justicia social, sino unos mínimos, unas bases sobre las cuales se logra la dignidad humana.

Este enfoque de la justicia social se pregunta ¿qué se necesita para que una vida esté a la altura de una dignidad humana? Lo mínimo y esencial que se exige de una vida humana para que sea digna es que se supere un umbral más que suficiente de diez capacidades centrales.

11. Nussbaum (2007) en su texto Las Fronteras de la Justicia, aborda los principios de justicia de Aristóteles y Rawls argumentando que una teoría mínima de la justicia contiene los principios básicos políticos que dan forma abstracta a la idea de dignidad, esto implica que una sociedad que no garantice a todos sus ciudadanos, un nivel mínimo adecuado, no lleva a ser una sociedad plenamente justa. Sobre la propuesta de justicia de Rawls plantea Nussbaum que él deja claro que entiende el concepto de «plenamente cooperantes» en un sentido que excluye a las personas con deficiencias físicas y mentales. Por lo tanto, las necesidades especiales de las personas con discapacidades solo serán consideradas una vez diseñada la estructura básica de la sociedad.

1. Vida.
2. Salud física o Corporal
3. Integridad física o corporal
4. Sentidos, imaginación y pensamiento
5. Emociones
6. Razón práctica
7. Afiliación
8. Otras especies
9. Juego
10. Control sobre el propio entorno (Nussbaum, 2012, p. 53 y 54).

Además de estas capacidades centrales, Nussbaum (2020) considera que el mejor enfoque es el centrado en las libertades sustanciales que tengan las personas para elegir lo que consideran tiene valor, distinguiendo, además tres tipos diferentes de capacidades, las que considera básicas es decir, el equipamiento innato de la persona que sirve de base para su desarrollo adicional" segundo, las capacidades internas "que son las aptitudes de una persona desarrolladas mediante la atención y la crianza que haya recibido" y las capacidades combinadas " que son las capacidades internas que llevan añadidas las condiciones externas que posibilitan la libertad de elegir (p. 257).

Por ende, el prisma completo de las capacidades humanas insta a buscar políticas que no solo sean equitativas en el plano formal (tratando de manera similar a personas similares)

> sino que vaya más al fondo del problema, que ataque las raíces de la jerarquía y la estigmatización, y que erradiquen aquellas normas y disposiciones que puedan conferir una especie de sello de aprobación estatal a tales fuentes de desigualdad (Nussbaum, 2012, p.177).

Teniendo en cuenta lo anterior, podríamos proponer que la discapacidad es una expresión para representar la negación del desarrollo de las combinaciones alternativas que una persona puede hacer o ser: los distintos funcionamientos que puede lograr. Para lo cual el enfoque de las capacidades cobraría pertinencia y relevancia dado que se basa en una visión de la vida en tanto combinación de varios "quehaceres y seres", en los que la calidad de vida debe evaluarse en términos de la capacidad para lograr funcionamientos valiosos (Sen y Nussbaum 2004).

3.3 CAPACIDAD DE AGENCIA Y DISCAPACIDAD

El concepto de agencia hace alusión a las cualidades y capacidades esenciales e importantes que posee el ser humano, es decir, las que les permite actuar de manera intencionada mediante la razón y la moral, ello se relaciona de manera directa con las personas con discapacidad, pues la agenciación humana en palabras de Sen, es la capacidad que las personas tienen para el control de su propio funcionamiento, y de su desarrollo humano, pues estos consisten en

> Ampliar las libertades para que las personas descubran y elijan un tipo de vida considerada valiosa el desarrollo humano requiere también de una apertura dialógica a otros horizontes culturales. Conlleva una ruptura epistemológica, un cambio de cultura política y una transformación de la ética social hoy vigente en las sociedades modernas (Tubino, s.f, p.1).

Permitiendo así que las personas con discapacidad se piensen la realidad desde un nuevo tipo de vida permeado por la razón y la moral, en donde entra en juego la noción de justicia y libertad, reconociendo que en el marco de las estructuras económicas y simbólicas existentes de las sociedades, las posibilidades de un buen desarrollo humano son empobrecidas y escasas específicamente en los excluidos, por ello Tubino (s.f) expone que es importante

> Promover la libertad de agencia en los excluidos en donde estos logren ejecutar el ejercicio de sus derechos, ya que se necesita un cambio progresivo pero sustancial de mentalidad que nos permita apostar, con principio de realidad y convicción democrática, por modelos sociales alternativos al modelo vigente (p.1).

Para autores como Tejada (2005), el concepto de agencia aparece como el resultado del desarrollo del análisis conductual cognoscitivo, especialmente en la teoría cognitivo social, con el fin de estudiar las acciones humanas tanto a nivel individual como social, por lo que enfatiza que la conducta humana es inteligente, consciente e intencional para lograr metas u objetivos e incluso transformaciones sociales.

En este mismo orden de ideas, se expone que la agencia se relaciona tanto con la noción de discapacidad como con las personas con discapacidad, pues esta es una estrategia de cambio, en donde los sujetos conscientes de sus acciones buscan generar transformaciones en sí mismos como en su entorno. Gore (1997, citado por Reyes, 2008), afirma que es esencial aceptar ciertas características de la sociedad, pues estas son valiosas, pero se debe encaminar siempre hacia el cambio propuesto por Sen que va desde la utilidad hacia los funcionamientos, por ello muchos autores han buscado ampliar el concepto de agencia y complementar la teoría de Sen, afirmando que no solo existen las cualidades o capacidades individuales o de cada sujeto, sino que de esta manera se encuentran las capacidades colectivas o comunes donde la intersubjetividad adquiere un valor inherente en la constitución de significados y una importancia instrumental en el desarrollo humano.

A través de la interrelación con otros que se establece en la sociedad, cada individuo o sujeto lograr constituir la concepción del bien, y su sentido de justicia, es decir, sus preferencias, valores y objetivos son una de las fuentes motivacionales para la acción, entonces ningún individuo puede actuar sin estar influenciado por la naturaleza de la sociedad que lo rodea, especialmente las personas con discapacidad pues el contexto hace que sus acciones se desarrollen con un objetivo y poder interactuar en donde se encuentren. Ante ello se menciona que los entornos donde el o la agente interaccionan, juegan un papel esencial para la construcción de la dimensión del compromiso, pues a partir de esta se determinan las metas, objetivos, acciones o estados que ellos consideran valiosos.

Por lo anterior, es esencial pensarse la sociedad más allá de las acciones individuales, por tal razón Sen ha remarcado que es imposible comprender a los individuos separados de los contextos institucionales, donde se mueven y actúan, lo cual él denomina la “autocomprensión de las sociedades modernas"[12], señalando que esta comprensión no es estrictamente la de un ser radicalmente situado, sino la de un agente racional que posee una dimensión moral necesariamente dialógica y no sustancial.

Por lo tanto, es importante señalar que las acciones ejecutadas mediante la agenciación humana, no son elegidas aleatoriamente o por inclinación sentimental, sino por la exigencia moral de seguir los valores aceptados por la norma o que sean acciones que se consideren válidas, es decir como lo expresa Marza (2004), citado por Reyes (2008), son los elementos que guía la voluntad para constituir conductas y hábitos morales denominados virtudes (p.157), en donde el sujeto convertido es agente, es capaz de equilibrar sus propios intereses con los de los demás, e incluso comprometerse con el beneficio mutuo o reciproco antes que con el propio.

Reyes (2008), establece que "la dimensión del compromiso se relaciona íntimamente con las nociones de capacidad y de agencia, lo que permite delinear un sujeto complejo que no se agota en sí mismo" (p.158), pues es posible afirmar que un sujeto se convierte en agente, cuando este tiene más capacidad en su libertad para alcanzar aquello que tiene razones para valorar, argumentando que existen ciertas capacidades que requieren ciertos tipos de recursos, recursos que Marzá (1997), denomina "recursos morales", los cuales son todas las disposiciones y capacidades que conducen al entendimiento mutuo para la resolución consensual de conflictos (citado por Reyes, 2008, p.159).

Estos recursos le permiten al agente realizar acciones mediante la moralidad, es decir, la capacidad que tiene el sujeto de guiarse por juicios morales. Retomando a Sen y Marza, se establece que la sociedad civil posee tres rasgos centrales:

12. La capacidad de autocomprensión o reflexión le permite al «yo» volver su foco de atención hacia dentro de sí, indagar en su naturaleza constitutiva, investigar sus diversos vínculos y reconocer sus respectivas demandas, distinguir los límites –por momentos expansivos, por momentos reducidos– entre el «yo» y los otros.

1. La dimensión cognitiva de los entornos y los mecanismos de interacción asociados a lo que Habermas llamaba un "mundo de la vida racionalizado".
2. El carácter dialógico de los procesos de determinación de expectativas legítimas, de satisfacción de intereses y de solución de problemas;
3. La prioridad de la faceta de agente del sujeto, en la que su participación debe ser promovida no solo como medio para alcanzar objetivos valiosos, sino también como un fin legítimo en sí mismo. Pero estas asociaciones voluntarias-democráticas no son capacidades en sí, porque no representan la misma oportunidad de expansión para todos sus integrantes.

A partir de estos tres rasgos Sen plantea que en su enfoque la noción central es la de capacidad de agencia, entendida como la libertad afectiva u oportunidad real de alcanzar aquello que el agente posee razones para valorar, lo cual permite entender que el desarrollo o proceso de la agencia se da cuando el individuo puede revisar, desechar o reforzar las razones de sus acciones y construir así la concepción del bien.

Por otro lado, para explicar y profundizar la noción de agencia, y cómo esta se relaciona con las personas con discapacidad, se encuentra el modelo de Bandura (1987), citado por Tejada (2005), el cual se denomina causación triádica recíproca, está compuesto por tres elementos esenciales que hacen que el individuo se convierta en agente: 1) la conducta; 2) los factores personales, que incluyen eventos cognitivos, afectivos y biológicos, y, 3) los factores medioambientales. Estos tres elementos interactúan entre sí, configurando una triangulación dinámica, dejando como resultado el concepto fundamental de la auto eficiencia, que hace referencia a las creencias que tiene el individuo sobre sus propias capacidades para ejecutar sus acciones que puedan contener características nuevas, impredecibles y posiblemente estresantes.

De igual manera Bandura (2001), considera "la autoeficacia como el mecanismo más crucial de la agencia y define a la agenciación como un acto intencional que sería la llave inicial para originar acciones en propósitos dados" (citado por Tejada, 2005, p.120), es así como expone que existe una reciprocidad funcional entre intención y acción, en donde para ejercer la agenciación es necesario:

A. La planeación.

B. La previsión, predicción y prospección, que incluyen las expectativas de los resultados.

C. La autoevaluación.

D. La motivación.

E. La autorregulación

Con los elementos mencionados se busca ofrecer alternativas, que posibiliten que los individuos desarrollen competencias de agenciación, buscando siempre cuatro dimensiones fundamentales.

1. El reconocimiento de sí mismo.
2. El reconocimiento del otro.
3. El reconocimiento del contexto y de la historia
4. La transformación continúa en la acción.

Por su parte Jaramillo (2015);

> Señala que la agencia implica un proceso permanente de reflexividad, que significa el realizar reflexiones de manera constante y fluida como una forma acostumbrada de la persona relacionarse con su entorno, y no exclusivamente reflexionar frente a situaciones aisladas o críticas, o del bienestar del sujeto. (p.54).

Dado que es en el entorno donde el agente examina de manera crítica y reflexiva los efectos que pueden producir sus acciones, teniendo siempre presente aspectos éticos, morales e incluso políticos; logrando así la ejecución de acciones con sentido, preguntándose si dichas acciones van a reflejar la noción del bien y cómo ello contribuye al otro, así entonces, "el agente siendo reflexivo-comprendería la relación sistémica donde él mismo está siendo intervenido con su propia acción que se supone es ejercida para otros" (Jaramillo, 2015, p.55),

Continuando con Jaramillo (2015), existen diversos alcances del impacto que tiene la agencia los cuales se encaminan a procesos que implican reflexividad, y cómo se dan estos, o si se dan exclusivamente por la necesidad de permanecer en un contexto, por ello a continuación se enumeraran los alcance de impacto que tiene la agencia en el mercado de trabajo; identificando como se configura así las identidades profesionales:

- Un primer tipo de alcance se plantea como aquel correspondiente a modificar el funcionamiento de lo que podría llamarse un subsistema del sistema, es decir, modificar el funcionamiento de al menos un área dentro de toda la organización, y que esto implique modificación en la interacción de un equipo completo de personas que hagan parte de esta.
- Un segundo tipo de alcance se refiere a la agencia que conduce a la modificación del funcionamiento de toda la organización en la que trabaja el agente, donde la interacción de todos los trabajadores que laboran en la misma se vea afectada o modificada en alguna medida con los cursos de acción emprendidos por el participante.
- Un tercer tipo de alcance de la agencia podría ser caracterizado como de afectación por fuera de la organización desde la que moviliza su Agencia, a nivel micro de la comunidad inmediata, ya sea sobre otras organizaciones de trabajo que se impacten (empresas, fundaciones, instituciones, etc), o sobre otros grupos sociales como una o varias familias que recibieran directa o indirectamente las consecuencias de los cursos de acción emprendidos por los participantes, y que modificasen la manera de funcionamiento o relación entre los miembros de dicha familia.
- Un cuarto tipo de alcance se refiere la movilización de cambios en el funcionamiento de una comunidad entera, compuesta de

familias, donde todas estas se vean involucradas en la afectación generada por los cursos de acción emprendidos por el agente.

- Un quinto tipo de alcance de la agencia implica la modificación en el funcionamiento de una ciudad completa;
- Un sexto tipo de alcance se referiría a los cambios en el funcionamiento o en las formas de relacionarse las personas dentro de un país, o un par de países.
- Finalmente, un séptimo tipo de alcance podría ser considerado como aquel que afecta el funcionamiento o modo de relacionarse en general las personas a nivel mundial.

Por consiguiente el modelo de Bandura, el enfoque de Sen, y los tipos de Jaramillo, se relacionan entre sí, pues coinciden en considerar que la agenciacion humana, es la capacidad de ejercitar el control sobre el funcionamiento propio y sobre todas las situaciones que nos inquietan en la vida como en la sociedad o entorno, por ello cuando el individuo o persona con discapacidad realiza el proceso de convertirse en agente, ejecuta acciones seleccionadas, estructuradas y sobre todo son agentes capaces de crear ambientes que optimicen el aprendizaje y faciliten las alternativas de transformaciones tanto personales como sociales, siendo capaces de responder asertiva, eficaz , efectivamente y particularmente desde las posibilidades del desarrollo de su autonomía, autorregulación y autodirección; es decir, agenciando su autoeficacia, y lograr modificar las formas de estructuración planteadas en la sociedad.

Sin embargo, se ha de resaltar que no todas las personas con discapacidad se ubican desde un papel de agencia, pues solo lo logran las personas que se ubican desde la capacidad para lograr cambiar el funcionamiento o las dinámicas de relación en el contexto social donde se desenvuelven.

Aparte de lo mencionado también se hace alusión que el agenciamiento puede ser categorizado como agenciamiento colectivo y que este debe entenderse no solo desde la vulnerabilidad del cuerpo, sino enmarcando este dentro de las relaciones e interacciones con otros seres humanos que viven una misma situación, en este caso personas con discapacidad.

De esta manera Álvarez y Sebastiani (2019), plantean que existen dos posibles respuestas ante los agenciamiento, primeramente la actitud normalizadora encaminada a ignorarlos, relativizarlos o recuperarlos, de modo que posibilite la articulación; segundo, comprender como las poblaciones vulnerables afrontan dicha vulnerabilidad mediante sus agenciamiento diarios y colectivos, en donde logran politizar tanto su situación como el sufrimiento de la misma, acaparándose de confianza y esperanza, se enfatiza que "los procesos de agenciamiento no aparecen de la noche a la mañana, sino por el contrario después de un largo y sufrido camino, de soledad, abandono, mediantes prácticas y procesos micro políticos interesados en tiempos y espacios concretos" (p.7).

Reconociendo que esos tiempos y espacios hace que los sujetos dejen de vivir el problema de forma individual, y transformarlo en una situación colectiva y grupal, pues comprenden que no es una realidad que no solo se vive personalmente, sino por el contrario son sentimientos que la población en general siente como lo es el miedo, la desesperanza, pues se necesita tiempo para sentirse con fuerza para compartir y verbalizar sus casos, pero al hacerlo permiten que sus cuerpos vulnerables devengan cuerpos políticos, generando «formas concretas de entender la persona, el género, las relaciones sociales, y de mirar, conocer, e interactuar con el mundo, que suponen a su vez maneras (al menos intentos) de resistir, contestar, o modificar la realidad (Álvarez y Sebastiani, 2019, p.9).

Por lo tanto, se resalta que es importante desindividualizar los problemas, para así verlos y ejecutar acciones de forma grupal y llegar a ese agenciamiento colectivo, afianzando la identidad y el reconocimiento como agentes, superando sentimientos y/o emociones de miedo, sufrimiento, desesperanza o pena, pues "durante el acompañamiento se van construyendo vínculos con todo el grupo, pero especialmente con quienes apoyan y viven los casos" (p.12), politizando sus accionares.

Ahora bien, al politizar las acciones es pertinente retomar el concepto de capacidad política, que plantea Sen (1997), entendiéndola como un aspecto relevante de libertad, la libertad de tener la vida que se desee, la libertad de controlar el proceso de elección y por último la libertad negativa de inmunidad frente a la interferencia de otros, señalando que las poblaciones que han sido categorizadas como vulnerables, caso de la discapacidad o personas con discapacidad se encuentran inmersas en contexto desiguales, ya que como lo expone Carvajal (2014), "las directrices de la ciudadanía activa marcada por gobiernos neoliberales han supuesto una reducción de los derechos sociales alcanzados en décadas anteriores" (p.88), por ello el proceso de agenciamiento es un reto importante y necesario para las personas con discapacidad reconociendo que se vive en un país con una cultura política occidental. Por tanto se señala que la capacidad política comprende del uso de la comunicación en una deliberación intersubjetiva que propicia la racionalidad y para Sen "la racionalidad, como la misma capacidad, va unida a espacios de libertad, pues solo si hay libertad de opciones cabe hablar de un proceso racional de decisión, de libertad de pensamiento" (Carvajal, 2014, p.99).

Desde la racionalidad como capacidad y libertad los agentes colectivos logran fortalecer la identidad social y sobre todo plural, enfatizando como lo menciona Carvajal (2015), "La identidad sin libertad se hace quimera", también se hace énfasis que esta identidad debe ir cargada de responsabilidad tanto individual como colectiva posibilitando oportunidades sustantivas para hacerla efectiva.

Señala Carvajal (2015), que es la identidad la cual le permite al sujeto definirse a sí mismo y así limitar la relación con otros, siendo esencial para el proceso de agenciamiento colectivo, la reivindicación y defensa de derechos como de intereses personales como grupales, pues como lo menciona Sen (1999), citado por Carvajal (2015).

Estas identidades sociales son respaldadas y reconocidas en mayor medida por gobiernos democráticos, en los que existen las condiciones de participación y de libertad política para la preservación de derechos e intereses, pero también por el papel constructivo de la democracia en la formación de valores, pues favorece la elección y expresión de identidades (Carvajal, 2015, p.2).

Lo anterior reconociendo que en los contextos neoliberales se evidencia un problema identitario entre los colectivos, lo cual se ha dado a raíz de la restricción de libertad y de derechos pertenecientes a poblaciones en particulares, por ello es necesario pensarse y considerar el problema de libertad desde una concepción sustantiva para llegar a ser o hacer lo que queremos en la vida, por ello como lo expone Carvajal (2015)

Tanto en referencia a este problema identitario como en otros, hay que darle sentido a una libertad positiva que reconozca la importancia que tiene la responsabilidad con el prójimo para hacer efectiva la constitución de identidades y la libertad de autorrealización de individuos y grupos, y esto implica un mayor compromiso de las instancias políticas con la ciudadanía.(p.2).

Es así como la relación con el otro requiere de un reconocimiento y fortalecimiento de identidad, esa identidad concebida como diversidad plural y social, pues según Sen (1995), citado por Carvajal (2015), "Esta diversidad social remite también a la diferenciación y desigualdad entre identidades, por la aceptación del hecho de que todos pertenecemos a unas determinadas categorías sociales" (p.3), dichas categorías identifican e incluso clasifican a unos de otros, pues, la desigualdad entre identidades muestra el hecho de que la igualdad de pertenencia de determinados individuos a una misma categoría social, que indica una identidad, se enfrenta a la heterogeneidad a consecuencia de otra multiplicidad de variables desde la que se pueden juzgar la igualdad/desigualdad entre identidades. (p.3).

Es por ello que se resalta que la identidad social como elección no es definitiva ni permanente, pues está estrechamente relacionada con la capacidad de libertad, "de hecho, la propia elección de la identidad social supone marcar objetivos de realización personal y/o colectiva" (Carvajal, 2015, p.4).

Por último se resalta que el concepto de identidad social desde Sen, alude a una realidad plural en donde se conviven con demás identidades que son elegidas y no solamente descubiertas, señalando que la identidad se construye a raíz del cocimiento y experiencia de sí mismo y de las relaciones con otros y que estas deben estar cargadas de responsabilidad y revocamiento.

3.4 ABORDAJE DE LA CAPACIDAD PARA ESTUDIAR LA DISCAPACIDAD

Para abordar la discapacidad consideramos necesario y pertinente en términos teóricos, realizar el acercamiento desde su categoría contraría que es la capacidad, dado que, en la revisión de la literatura existente en el campo académico de la discapacidad, se encontró que uno de los enfoques teóricos con los que actualmente ha sido mayoritariamente abordada la discapacidad es el modelo social que se fundamenta en los postulados del enfoque de las capacidades planteado por Sen y Nussbaum (2004) expuesto con anterioridad.

Sin embargo, nuestra pretensión no es hacer una traducción de lo referido a la capacidad para abordar la discapacidad, puesto que la discapacidad no solo se discutirá desde el enfoque de capacidades, aunque sí se reconoce su incidencia en el análisis y estudio de éste campo de conocimiento, también, se retoman los postulados de otros enfoques especialmente del enfoque crítico de la discapacidad (Brogna, 2019; Millan, 2019 y Maldonado, 2020) como un concepto que se significa, experimenta y define de acuerdo con el momento histórico, a los nodos de sentido y a los esquemas cognitivos e interpretativos que se tienen frente a un grupo de personas que no cumplen con los cánones de "normalidad" establecidos por una sociedad.

También abordaremos la discapacidad como una forma de vida que siempre está dispuesta a tocarnos, no como la advertencia de una desgracia o la búsqueda de la empatía inclusiva, sino como una experiencia posible (Maldonado, 2020). Además, se considera que la discapacidad también debe ser abordada como un advenimiento, algo que ocurre y para lo cual no estamos preparados y que exige desnormalizarnos, acceder a otros caminos y sentidos de la vida (Millán, 2019).

Capítulo IV.
Mirada interdisciplinar de la dis-capacidad

Han sido diversas las disciplinas que han aportado a la discusión sobre las causas sociales de la discapacidad; se encuentran con mayor relevancia los estudios desarrollados en disciplinas como la sociología (sociología de la discapacidad y sociología política), la psicología (psicología del trabajo), la antropología, la historia, el derecho y la educación.

Otra de las disciplinas ha sido la filosofía (filosofía política), desde las discusiones sobre las teorías de la justicia, los abordajes sobre la dignidad humana, la igualdad y la libertad, dado que en la discapacidad es donde encontramos experiencias en las cuales estos principios tienen a ser negados, no reconocidos y con tensiones en su abordaje.

Actualmente en las ciencias de la salud también se vienen desarrollando importantes estudios en la perspectiva de las causas sociales de la discapacidad, encontrando el modelo de Salud Pública y la Rehabilitación Basada en la Comunidad (RBC) entendida como una estrategia de desarrollo comunitario para la rehabilitación, la igualdad de oportunidades y la integración social de todas las personas con discapacidad. La RBC se aplica gracias al esfuerzo conjunto de las propias personas con discapacidad, de sus familias, organizaciones y comunidades, y de los pertinentes servicios gubernamentales y no gubernamentales en salud, educación, trabajo, social, y otros (OMS, 2010).

A continuación, desagregaremos las discusiones adelantadas sobre discapacidad desde algunas disciplinas y ciencias.

4.1 LA DISCAPACIDAD EN LA MEDICINA UN PROBLEMA DE REHABILITACIÓN

La discapacidad en la medicina ha sido ampliamente estudiada como una enfermedad, como falta de capacidades, limitaciones y deficiencia en el funcionamiento de los cuerpos humanos, se evidencia lo anterior en la evolución conceptual de la discapacidad desde la Clasificación Internacional de la Deficiencia, la Discapacidad y la Minusvalía (CIDDM) a la luz de los modelos clínicos, donde la discapacidad era considerada como una enfermedad, hasta llegar a un lenguaje unificado y estandarizado establecido en la Clasificación Internacional del Funcionamiento, la Discapacidad y la Salud (CIF) que la definía en los términos de deficiencia, limitación en la actividad y restricción en la participación y limitación, basándose en el desarrollo de los modelos sociales y biopsicosociales donde se tiene en cuenta la interacción del individuo con el medio, los factores ambientales y personales (Pastran Et, al, 2007); como último concepto asumido en la Clasificación Internacional del Funcionamiento (CIF, 2010) se encuentra el término genérico «discapacidad» que abarca todas las deficiencias, las limitaciones para realizar actividades y las restricciones de participación, y se refiere a los aspectos negativos de la interacción entre una persona (que tiene una condición de salud) y los factores contextuales de la persona (factores ambientales y personales) (p.24). Esto llevó a tres conceptos fundamentales que deben ser entendidos para la comprensión de esta dimensión: la funcionalidad, deficiencia y limitación.

La funcionalidad es el conjunto de elementos que se articulan de manera adecuada y ordenada con el propósito de responder a todo orden de manera sistemática. La deficiencia, son problemas en las funciones o la estructura fisiológica, puede ser una desviación significativa o una pérdida, y por último la limitación se entiende como las dificultades que el individuo puede tener en el desempeño y realización de actividades (CIF, 2010, p. 12).

Es importante señalar que la Clasificación Internacional del Funcionamiento (CIF, 2010), expone que el funcionamiento y la discapacidad de una persona se conciben como una interacción dinámica entre los estados de salud (enfermedades, trastornos, lesiones, traumas, etc.) y los factores contextuales. Como se ha indicado anteriormente, los factores contextuales incluyen tanto factores personales como factores ambientales. Esto lleva a señalar que el tratamiento de la discapacidad en la medicina está encaminado a conseguir la cura, o una mejor adaptación de la persona y un cambio de su conducta para los contextos en los que se encuentre.

4.2 LA DISCAPACIDAD EN LA SOCIOLOGÍA UN PROBLEMA SOCIAL

El estudio de la discapacidad en la sociología ha permitido proponer otros modelos de abordajes como el social y el de la diversidad, puesto que la mirada sobre la discapacidad va a estar dada por las relaciones que se tejen en las sociedades, en este sentido no tendrá un enfoque cultural como el de la antropología, sino que se centrará en los estudios de las diadas: normal / anormal; incluidos / excluidos y de teorías sociológicas como el funcionalismo y el interaccionismo.

De acuerdo con lo anterior, el abordaje de la discapacidad en la sociología se da teniendo en cuenta las bases teóricas que permiten ver la profundidad de análisis que tiene lo social en clave a un problema de estudio como lo es la discapacidad; entonces, es posible indicar que la mayoría de los conceptos sociológicos han sido utilizados para analizar también los problemas que se derivan tanto de la categoría misma de la discapacidad como de las personas con discapacidad.

Una de las formas que se ha abordado la discapacidad en la sociología es a partir de la categoría de representación social, abordar la discapacidad como una representación social indica que la discapacidad es una construcción social, pero a su vez implica cómo se ven los sujetos con discapacidad; por tanto "la discapacidad ya no es un problema de la persona sino de toda una sociedad que no tiene en cuenta al otro como un ser que tiene un gran potencial para seguir construyendo un mundo más integrado y justo" (Maldonado, 2013).

Por tanto, es la sociología la que ha permitido analizar la discapacidad y las PcD desde la implicación de la subjetividad, aunado a un abordaje de la historia y los paradigmas sociales que han creado barreras u oportunidades frente a los múltiples abordajes de la discapacidad como problema social.

Estos abordajes de la discapacidad desde la sociología han sido nutridos por los aportes de Goffman (2001 y 2006) en sus ensayos sobre la situación social de los enfermos mentales y la discusión sobre los estigmas sociales. En estos estudios se plantea una discusión de la enfermedad anclada a un contexto social, político e histórico y las representaciones que se les asignan a las personas con discapacidad como "enfermas".

Otra mirada de la discapacidad desde la sociología ha estado instalada en el estudio de las estructuras sociales y cómo estas estructuras resultan de las configuraciones de diversos bloques o estratos, cuyos integrantes están situados objetivamente en una situación homóloga dentro de dicha estructura. Problemas como la desigualdad de las PcD en esas estructuras, y las posibilidades que éstas tienen para lograr un bienestar o un desarrollo pleno se ven afectados por esos estigmas, y formas de comprender y abordar la discapacidad. Es decir, que la sociología aborda a las personas con discapacidad como parte de la estructura social que cuentan con voz propia y deben ser tomadas en cuenta, pero que también son influenciadas por esos estigmas y formas de representación dada por la discapacidad como problema social.

Los estudios desde la sociología por Paul Abberley (1998, p.78) indican que «la teoría tradicional (...) sitúa la fuente de la discapacidad en la deficiencia del individuo y en sus discapacidades personales. En contraposición, el modelo social entiende la discapacidad como el resultado del fracaso de la sociedad al adaptarse a las necesidades de las personas discapacitadas», en este punto, analiza el modelo social en conjunto de la discapacidad en el que se centra en el colectivo y no en el individuo con discapacidad dado que, es la sociedad la que no propensa los lugares o espacios de adaptación en la cultura de esta población.

Barnes (1998) plantea que el término discapacidad implica representar un sistema complejo de restricciones sociales impuestas a las personas con insuficiencias por una sociedad muy discriminadora, ser discapacitado significa sufrir la discriminación. Por su parte Dinnerstein, (1977) expone que "los humanos no son naturales por naturaleza. Ya no andamos "naturalmente" sobre las patas traseras, por ejemplo: males como los pies planos, el dolor de espalda y la hernia atestiguan que el cuerpo no se ha adaptado por completo a la postura erguida. (...) las estructuras creadas por el hombre y las fisiológicas han terminado por fundirse de forma tan compleja que resulta ingenuo hablar de un proyecto humano contrario a la biología humana: somos lo que nos hemos hecho, y debemos continuar haciéndonos mientras existamos" (p. 21-22). Esto nos pone al frente de una discusión de la discapacidad desde la teoría evolutiva y nos permite acercarnos al término no tanto desde lo natural y biológico sino desde las nociones sociales, históricas y antropológicas del concepto.

En este sentido es importante reconocer que la discusión sobre la discapacidad en la sociología ha estado aunada a la discusión sobre la normalidad, esta depende del punto de vista personal dado que como dice Barnes (2007) "aquellos de nosotros que hemos nacido con una minusvalía sólo nos damos cuenta habitualmente de que somos "diferentes" cuando entramos en contacto con otras personas "no-discapacitadas", es decir, que su desarrollo en el entorno es el que le brinda ese estigma; "el problema de la discapacidad no descansa solamente en el daño de una función y sus efectos sobre nosotros individualmente, sino también, y lo que es más importante, en el terreno de nuestras relaciones con las personas "normales" (Hunt, 1966, p. 146).

Estos abordajes de la discapacidad han permitido avanzar en una perspectiva denominada sociología de la discapacidad (Oliver, 1996;

Zarb, 1992; Barnes, 1991) que se centra en describir, analizar y explicar, las causas sociales de la discapacidad, poniendo en tensión los abordajes clínicos y problematizando la discapacidad en su relación con las instituciones como familia, escuela y Estado. También la sociología de la discapacidad ha generado estudios alrededor de los procesos organizativos de las PcD, respaldando y motivando diversas formas de comprensión de la discapacidad como fenómeno social.

También encontramos en el marco de los estudios sociológicos de la discapacidad los aportes de Patricia Brogna (2006) quien indica que "la discapacidad no es una condición para curar, a completar o reparar: es una construcción relacional entre la sociedad y un sujeto (individual o colectivo). La discapacidad toma cuerpo en un espacio situacional, dinámico e interactivo entre alguien con cierta particularidad y la comunidad que lo rodea".

4.3 LA DISCAPACIDAD EN LA ANTROPOLOGÍA, LA PSICOLOGÍA Y EL TRABAJO SOCIAL UN PROBLEMA DE INTERVENCIÓN

Desde la antropología, la discapacidad es asociada a la consecuencia de las estructuras opresivas en donde esta ya no es vista como una pérdida de la funcionalidad, sino por el contrario asociada a contextos de convivencia (materiales, ideacionales y emocionales) discapacitantes que condenan a las PcD a la marginación y la exclusión social (Sánchez, 2017).

También se plantea desde la antropología abordar la discapacidad como problema de estudio, que sea definida a partir de la experiencia personal o de un conjunto de vivencias, más allá de la singularidad y particularidad de las personas que la viven; en este sentido la dimensión cultural es de especial relevancia, junto con las estructuras materiales, los significados socialmente compartidos y transmitidos dado que estos determinan una gran parte de la experiencia de las personas en su relacionamiento con la discapacidad (Sánchez, 2017).

La discapacidad en la psicología ha sido estudiada en sus orígenes muy cercana a la mirada clínica, es decir su abordaje se caracterizó por comprender la discapacidad como una enfermedad y desde el modelo de rehabilitación, sin embargo, con el avances de los estudios de la sociología y la antropología, hoy se encuentra que la discapacidad en la psicología es entendida bajo el modelo o paradigma social, reconociendo que "es dentro de este modelo que se concibe a la persona con discapacidad desde un enfoque biopsicosocial y se apunta hacia una integración real y efectiva de esta población en todas las esferas de la vida en la sociedad" (Alfaro, 2013, p. 60), también es importante señalar que este modelo en la psicología es conocido como modelo biopsicosocial, paradigma ecológico o paradigma de la autonomía personal.

Este modelo permite a la psicología poder abordar a las personas con discapacidad desde un enfoque de derechos humanos, dejando de lado la noción de enfermedad y por el contrario comprendiendo la importancia de las PcD en la sociedad desde una participación activa y real. (Strauss y Sales, 2010. Citado por Alfaro, 2013). Este abordaje sostiene que las desventajas, la segregación y la inaccesibilidad a recursos no están determinadas por la deficiencia orgánica que puede presentar una persona, sino que obedecen a las consecuencias de tener que afrontar un entorno que no está diseñado para la diversidad.

Reconociendo que las PcD se relacionan con otras personas en un entorno que no está diseñado para estos, y por ello se hace relevante trabajar a partir de los derechos humanos, sin embargo, se señala que en esa relación las personas con discapacidad son vistas como diferentes, por lo que es necesario tener una visión a partir del principio de equidad, orientando las intervenciones en retomar aspectos sociales y comunitarios "este enfoque conlleva, también, a una perspectiva transdisciplinar, en el sentido de integrar saberes y conocimientos de otros campos para una atención integral" (Alfaro, 2013, p. 66).

Otro aspecto para señalar según Verdugo (s.f), es que este modelo psicológico, reconoce el aporte de la antropología en tanto

> defiende que la concepción de la discapacidad es una 'construcción social' impuesta, y plantea una visión de la discapacidad como clase oprimida, con una severa crítica al rol desempeñado por los profesionales y la defensa de una alternativa de carácter político más que científico (p.1).

En este sentido, Oliver (1990) citado por Verdugo (s.f), plantea que, el significado de discapacidad más que comprendido está distorsionado por las definiciones oficiales derivadas del paradigma de la rehabilitación como son las utilizadas por la Organización Mundial de la Salud. Esas definiciones y concepciones consideran a las personas con discapacidad como objetos pasivos de intervención, tratamiento y rehabilitación, generando consecuencias opresivas para las personas al reducir la discapacidad a un estado estático y violar sus componentes experienciales y situacionales (p. 2).

El abordaje de la discapacidad en el Trabajo Social ha estado centrado especialmente en la intervención sobre las PcD, las familias y cuidadores. También ha estado centrado en la de la formulación, ejecución y evaluación de políticas públicas sobre discapacidad.

La intervención de los trabajadores sociales en el campo de la discapacidad ha estado enfocada a que las personas encuentren su potencial y fortalezcan su desarrollo personal para fomentar la participación y la inclusión de éstas en los diversos contextos sociales, familiares, vecinales y laborales.

Otra de las miradas que se ha tenido de la discapacidad en el trabajo social, ha estado dada por el enfoque de los derechos humanos, allí la convención de los derechos de las personas con discapacidad también abrió discusiones y posibilidades de intervención desde el trabajo social en tanto el objeto mismo de la convención era "... promover, proteger y asegurar el goce pleno y en condiciones de igualdad de todos los derechos humanos y libertades fundamentales por todas las personas con discapacidad, y promover el respeto de su dignidad inherente" (ONU, 2006).

Han sido también múltiples las áreas de intervención del trabajo social en su generalidad y con la población con discapacidad en su particularidad encontramos entre ellas las siguientes:

- Área de atención: La intervención del Trabajo Social se concreta en las acciones con las personas y colectivos que sufren las consecuencias de situaciones carenciales, conflictos y crisis. Su fin es posibilitar el desarrollo humano y autonomía a través de la movilización de sus capacidades y de los recursos.
- Área de prevención: La intervención profesional se centra en las causas de las dinámicas de marginación, exclusión y desintegración social, con la finalidad de evitar su aparición.
- Área de promoción y educación: El Trabajo Social se orienta a descubrir y potenciar las capacidades de individuos, grupos y comunidades. También, a generar procesos de participación e implicación, de formación y de organización para ayudar a las personas a la adquisición o incremento de los conocimientos y habilidades sociales que precisan.
- Área de mediación y arbitraje: A través de esta área los trabajadores sociales intervienen para mediar en la resolución de los conflictos que afectan a las familias y grupos sociales, tanto en el interior de sus relaciones, como en su entorno social.

En esta área se han presentado múltiples desafíos en tanto que es justamente el trabajador social el encargado de acompañar y mediar en los procesos jurídicos que vinculan a las PcD. Un ejemplo de lo anterior ha sido la entrada en vigor del Decreto 1996 de 2019 que parte de la presunción de capacidad de todas las PcD en Colombia y elimina la interdicción, esto ha generado que se amplie la mirada jurídica a una mirada social de la discapacidad y que además se desarrollen procesos de intervención donde se le garanticen todos los apoyos y ajustes razonables a las PcD para llevar a cabo sus procesos jurídicos, es decir se reconocen como personas jurídicas y ha sido en este reconocimiento que la intervención desde el trabajo social con las PcD tenga cada vez mayor alcance y mayor relevancia, no solo como sujetos objeto de intervención, sino en la mediación de lo social y lo jurídico a favor de la garantía del reconocimiento jurídico de las PcD en Colombia.

En el marco de las intervenciones desde el trabajo social en las políticas públicas es necesario reconocer los aportes de Díaz, Jiménez y Huete (2009) quienes enmarcan que "Las personas con discapacidad han ocupado un papel destacado en las políticas sociales democráticas. No obstante, se han desarrollado históricamente ocupándose de la protección y provisión de unos recursos mínimos (en muchos casos insuficientes) y no a la accesibilidad real. Esto se debe, fundamentalmente, a la concepción social adoptada conforme a unos parámetros rehabilitadores, en los que lo fundamental es favorecer la adaptación." (p. 297-298)

Es por esto, que el Trabajo Social según Muyor Rodríguez (2011) aborda la discapacidad como "construcción social que implica las representaciones simbólicas que la sociedad posee del colectivo, el Trabajo Social debe de implicarse no sólo en los aspectos más prácticos de las demandas (atención, cuidados, recursos) sino también en influir en la dimensión política que ineludiblemente condiciona el imaginario social en torno a la diversidad funcional y determina sus condiciones de vida aún en situación de desigualdad, exclusión social y dis-ciudadanía" (p. 50).

Otra de las miradas de la discapacidad desde el Trabajo Social ha sido en el marco de las discusiones de los principios éticos y morales de la intervención social; de acuerdo con Lázaro Fernández (2007), tales principios éticos se definen así:

- Reconocer el valor de las personas cualesquiera que sean sus circunstancias, condición, opinión política, creencias, conducta, haciendo lo posible por fomentar en ellas el sentimiento de dignidad y de respeto propio.
- Respetar las diferencias entre los individuos, grupos y comunidades tratando de conciliarlas con el bienestar común.

- Fomentar el propio esfuerzo como medio de desarrollo en las personas, del sentimiento de confianza en sí mismas y su capacidad para afrontar situaciones.
- Promover oportunidades para una vida más satisfactoria en las circunstancias particulares en que se encuentre las personas, los grupos y las comunidades.
- Aceptar el deber profesional de trabajar en pro de la aplicación de medidas sociales, con objeto de brindar a toda persona la posibilidad de hacer mejor uso posible de su medio y de sus propias actitudes.
- Respetar la confidencia de la relación profesional.
- Utilizar la relación profesional para ayudar a los individuos, a los grupos y a las comunidades a alcanzar su libertad y la confianza en sí mismos, y no se tratar de manejarlos para que se adapten a un sistema preestablecido.
- Hacer un uso responsable de la relación profesional con miras a promover el mayor bien para las personas y para los intereses de la sociedad. (p. 149-162)

Estos principios, con el fin de poder en el caso de la población con discapacidad abordarla como un colectivo que debe ser reconocido y garantizar sus derechos desde unos perfiles promotores, educadores y concientizadores de las capacidades y desafíos que pueden enfrentar estas personas para obtener una calidad de vida, buscando, comprender que las personas con discapacidad están inmersas en el medio social con dimensiones objetivas y subjetivas de su situación; pero que, aun así, el Trabajo Social de la mano de la población con Discapacidad debe ir más allá de las subjetividades y encontrar los medios y mecanismos para brindarles justicia social y un desarrollo humano para su desenvolviendo social.

4.4 LA DISCAPACIDAD EN LAS HUMANIDADES (FILOSOFÍA, LITERATURA Y ARTE)

La discapacidad en las humanidades ha sido abordada desde múltiples discusiones; iniciaremos por la mirada que se ha hecho de esta desde la perspectiva filosófica. Desde la antigüedad se ha planteado la pregunta sobre la vida y la mirada que se hace del otro a partir de principios morales y filosóficos. Y es en estas discusiones donde aparece la discapacidad como problema de estudio para establecer preguntas en relación con temas como la dignidad humana, el poder, la calidad de vida, la justicia social. Desde la filosofía, las discusiones que han aportado para reconocer, ampliar y desarrollar las formas de abordar la discapacidad como concepto anclado en estructuras de poder y mecanismos de normalización ha sido Foucault (1974–1975), quien si bien, no pretendió explorar las experiencias de los individuos en la construcción del orden social como lo hizo Goffman, sí contribuyó a la comprensión de las estructuras en tanto su acercamiento al orden tuvo como eje central la reflexión sobre el poder y la manera como los individuos hacían uso de él.

Desde la filosofía política también se ha interpelado la discapacidad como problema de orden filosófico, desde Kant, pasando por Rawls, Sen y Nussbaum se han planteado preguntas sobre la dignidad humana y la justicia social teniendo como puntos de discusión de sus apuestas teóricas los casos de las personas con discapacidades severas (ej. Parálisis cerebrales), quienes —según estos autores— tales personas y sus cuidadores no podrían ser entendidos bajos los mismos criterios de libertad, oportunidad e igualdad, dada la "limitación en los funcionamientos" que presentan (físicos, psíquicos y sociales), lo que remite a tensiones en sus teorías y la necesidad de discutir con mayor detalle principios como la igualdad, equidad y solidaridad. Asimismo, se parte del supuesto o hipótesis que la discapacidad es un fenómeno y una realidad de la existencia humana que importa de manera especial a la reflexión filosófica.

Ummers (2011) menciona que en la filosofía, la discapacidad se ha abordado como una condición de vulnerabilidad, diferencia y desventajas de la persona y que se pone de manifiesto de manera especial en el despliegue de su ser social, en las relaciones intersubjetivas, en las cuales experimenta un trato desigual, discriminatorio, condescendiente e inequitativo, que confronta una severa y extendida situación de injusticia social.

Desde la fenomenología de Merleau Ponty, se entiende que el hombre es concebido como un "ser en el mundo" y su ser social o alteridad como un "ser para los otros". En este horizonte de comprensión vemos que el ser del hombre viene dotado de una opacidad o ambigüedad, que le es dada por su cuerpo, y que determina su finitud o su ser situado en el espacio y en el tiempo. Desde que es temporal, el hombre se define como un "ser para la muerte". En este contexto de interpretación filosófica (que ha sido desarrollada en tiempos recientes por pensadores ligados a las corrientes posmodernas) la discapacidad se muestra como una de las contingencias del ser humano, es decir, como una consecuencia de su ser corporal, finito y situado, ya que desde el punto de vista temporal el hombre se presenta como un ser que envejece y que se "discapacita" con el tiempo, en el camino de su "ser para la muerte" (Umeres, 2011, p. 13).

Continuando con Umeres (2011) la discapacidad que más impacta es la que nos recuerda la vulnerabilidad del ser humano, su ser transitorio y mortal. Por ello la mirada de la discapacidad o su recuerdo no resulta grato, generando reacciones diversas que van desde la indiferencia o la invisibilidad, hasta la compasión, la lástima, el rechazo, el estigma o la discriminación se tiene así la discapacidad como deficiencia, que se da a nivel individual, pero también una experiencia social de la discapacidad que se evidencia como discriminación social, en la experiencia con los otros, en un nivel intersubjetivo.

En esta parte también se encuentra de forma negativa el concepto de PcD en la filosofía, un claro ejemplo de ello es en la antigüedad, los filósofos se dedican a abordar aspectos relacionados con el conocimiento de las cosas y el mundo que las rodea. Algunos de estos filósofos querían reflejar sus puntos de vista sobre la discapacidad en sus obras; como el filósofo Cicerón quien fue la primera persona en escribir sobre enfermedades mentales.

Aristóteles en su obra "La Política", señaló que: "sobre el abandono y la crianza de los hijos, una ley debe prohibir que se críe a ninguno que esté lisiado". Otro ejemplo es el de Platón, que consideraba que los débiles tendrían que desaparecer, incluyendo los discapacitados. Séneca, filósofo romano, establece en "Carta a Lucilio" la similitud de los discapacitados con monstruos.

Estos filósofos tan importantes en la actualidad, puedan hacer tal apología de las personas con discapacidades; aunque hay que considerar que, en su época, todo lo que tenía que ver con el ámbito militar, era de vital importancia. Por tanto, las personas que estaban sanas y fuertes para poder convertirse en militares, eran apreciados socialmente; mientras que las personas que tenían algún tipo de limitación eran rechazadas y arrojadas al vacío. (Mangas Pérez, 2012)

Aunque no todo el pensamiento de la época se limitaba al rechazo hacia personas con limitaciones, sino que por ejemplo Confucio (filósofo chino, 550-479 a. C), manifestaba la responsabilidad moral de la sociedad sobre estas personas.

En la literatura, desde los libros clásicos hasta los más actuales, el modo de abordar a la discapacidad desde distintas perspectivas ha evolucionado, al igual que lo ha hecho y aún continúa haciéndolo, la conceptualización misma de discapacidad.

La discapacidad ha sido abordada en novelas, desde la picaresca española con *La vida del Caballito de Tormes*, *Nuestra Señora de París* de Victo Hugo, en estas se retrata la discapacidad asociada a los estigmas propios de las abominaciones del cuerpo y del carácter, también se han escrito libros sobre las PcD y las múltiples formas de comunicación y lenguaje, como es el caso de Olver Sacks en el libro *Veo una Voz: viaje al mundo de los sordos* donde expone la riqueza del lenguaje de señas y la experiencia de un grupo de personas sordas en la primera universidad para sordos en Massachussets. También se encuentran poemas, cuentos, y ensayos referidos a exponer las vidas de las PcD cumpliendo dos funciones, por un lado, hacer visible estas vidas y por el otro, desarrollando material pedagógico, como los cuentos para niños, con el fin de sensibilizar, poner en diversos espacios la discapacidad como un asunto humano necesario de leer y comprender.

El análisis de las connotaciones sociales, culturales, lingüísticas o literarias de la discapacidad constituye un campo de estudio tradicionalmente muy frecuentado: desde diversos ámbitos académicos se ha llamado la atención sobre personajes literarios, cinematográficos, o su representación en la mitología, la pintura o la escultura. Con estos antecedentes, Matilde Cuevas se ha centrado en desentrañar las codificaciones lingüísticas y literarias que han forjado la imagen de las personas con discapacidad tal y como aparecen en buena parte de las obras más representativas de la literatura clásica tradicional española.

Finalmente, una de las recomendaciones del Informe Mundial sobre la Discapacidad gira en torno a la necesidad de fomentar la sensibilización pública y la comprensión de la discapacidad y abordarla como tema en la literatura coadyuva en este sentido no solamente a su sensibilización y comprensión, sino también a crear entornos favorables y reducir prejuicios o actitudes negativas en aras de la construcción y fortalecimiento de una sociedad inclusiva.

La discapacidad también ha sido retratada a través del arte a partir de sus diferentes modelos de abordaje, desde los atributos y estereotipos negativos que se evidencian en el teatro en la obra Eduardo III de W. Shakespeare, en las artes circenses con los espectáculos de fenómenos o *Freak Shows*, que presentaban a las personas con discapacidad como rarezas humanas. En el cine también se encuentran a las PcD como personas con nula integración o marginados, personajes con discapacidad física como malvados, en el género del terror se recurre a la discapacidad física o psicosocial para generar ambientes extraños y en algunas comedias en las que la persona con discapacidad es el desgraciado que sufre toda clase de desventuras, también es evidente el tema de las discapacidad en el comic, donde se muestran las PcD con talentos sobre humanos o como malvados a los que hay que eliminar y atacar. En las últimas décadas con el reconocimiento de las PcD como sujetos de derechos, el arte ha representado la discapacidad desde otros atributos; de igual manera encontramos referencia a esta población problematizando su participación en distintos campos de la vida social en áreas tales como la familia, la escuela, el barrio y el Estado.

Capítulo V.

Discapacidad, justicia y reconocimiento

En el siguiente capítulo se abordará la discusión sobre reconocimiento y justicia en tanto que el reconocimiento es la base sobre la cual se constituye la subjetividad humana. Por tal motivo resulta importante ampliar las diferentes concepciones sobre la justicia y la necesaria articulación que se requiere de esta categoría con los estudios sobre discapacidad, para terminar exponiendo cómo para el análisis de la justicia en el marco de los estudios de la discapacidad se debe transitar de enfoques clásicos de la justicia (contractualistas y distributivos) a enfoques que articulen un análisis bidireccional de la justicia entendiendo tanto el reconocimiento y la distribución como elementos diferentes pero constitutivos de la justicia social.

5.1 DISCAPACIDAD Y JUSTICIA

Así como el concepto de justicia se ha estudiado a partir de su contrario, es decir, la injusticia; el concepto de discapacidad es abordado desde la capacidad, conllevando a que su definición no se circunscriba a un único enunciado sino a una multiplicidad de interpretaciones sujetas en muchos casos, a contextos históricos y necesidades sociales. Esto quiere decir que el acercamiento a la discapacidad y a la justicia exige no solo el reconocimiento de las múltiples lecturas que han tenido ambos conceptos, sino también, sus alcances, debilidades, tensiones y contradicciones.

A continuación, presentamos algunos abordajes del concepto de justicia y su relación con la discapacidad como problema social.

5.1.1. La justicia como contrato social

En cuanto a la perspectiva de justicia de Kant, quien plantea que todos debemos respetar las normas y que el comportamiento debe ser ley universal, podemos decir que él distinguía dentro de una concepción moral de la justicia, la ética o moralidad y la justicia y el derecho. Sin embargo, su concepción acerca de la justicia parece ser estrecha, pues los deberes de justicia son deberes jurídicos. Considera que es "justa toda acción" que por sí o por su máxima[13], no es un obstáculo a la conformidad de la libertad del arbitrio de todos con la libertad de cada uno según leyes universales.

Así para Kant,

> la cuestión de saber si lo que prescriben las leyes es justo, nunca podrá resolverla un jurista a menos de dejar aparte los principios empíricos y buscar el origen de esos juicios en la sola razón, para de esa forma establecer los fundamentos de una legislación positiva posible (Ponce, 2005, p. 214-215).

Kant plantea una libertad total, absoluta, propia del ser humano, una libertad enmarcada en un contexto de igualdad que genere independencia y que esa subjetividad tenga a bien llegar ser esa ley universal que permita la independencia del individuo, pero sin quebrantar la de los demás. Cuando Kant se refiere a que "hay que mirar al hombre como un fin y no como un medio", es porque cuando miramos al hombre como un fin trabajamos a su favor y cuando lo miramos como un medio, entonces lo utilizamos solo para conseguir nuestros objetivos; entonces el pensamiento de Kant es con la finalidad de que el comportamiento

13. Para Kant un imperativo categórico que obre conforme a la máxima hace referencia no a cualquier tipo de norma, sino a principios subjetivos de acción que contienen una determinación general de la voluntad y suponen varias normas prácticas, difieren de un individuo a otro, es decir son principios que el propio sujeto reconoce como propios; actitudes fundamentales que confieren su orientación común a una serie de intenciones y acciones concretas.

de cada uno de nosotros sea ley universal y es cuando hacemos un recorrido a los imperativos categóricos.

Por su parte, para Rawls la idea de justicia se basa en la noción de justicia como equidad y en dos principios, el primero consiste en que cada individuo tiene el derecho a la mayor libertad compatible con la misma libertad para otros; en este primer principio podemos observar cierta similitud a los conceptos de libertad de Kant quien profesa una libertad total, absoluta, que sea propia del ser humano y que esté enmarcada en un contexto de igualdad. El segundo principio de Rawls se refiere a que la desigualdad social y económica son justas solo mientras sirvan para favorecer el bienestar de aquel que corre con mayores desventajas; y este principio es muy importante porque nos aproxima al propio concepto de justicia, en encontrar ese equilibrio basados en lo que se conoce como igualdad formal.

La igualdad formal no es ajena al establecimiento de diferencias en el trato, fincadas en condiciones relevantes que imponen la necesidad de distinguir situaciones para otorgarles tratamientos distintos, hipótesis, esta última que expresa la conocida regla de justicia que exige tratar a los iguales de modo igual y a los desiguales en forma desigual.

En su teoría de la justicia, Rawls deriva dos principios de justicia que considera dotados de la propia incondicionalidad del imperativo categórico kantiano.

> 1. Cada persona ha de tener un derecho igual al esquema más extenso de libertades básicas que sea compatible con un esquema semejante de libertades para los demás. Establece que la libertad es inviolable y prioritaria, a punto que ningún bienestar económico podrá justificar una disminución de esa libertad que se reconoce solo a condición de un aumento correlativo de la libertad de todos.
>
> 2. Las desigualdades sociales y económicas habrán de ser conformadas de modo tal que a la vez que: a) se espere razonablemente que sean ventajosas para todos, b) se vinculen a empleos asequibles para todos. Dichas desigualdades se reconocen sólo en función de producir ventajas para todos particularmente para los más necesitados. (Ponce, 2005, p. 217-218)

Cuando analizamos el primer planteamiento de los principios de la teoría de la justicia en Rawls, en la que cada persona ha de tener un derecho a una libertad amplia, extensa, en un plano de igualdad con las demás personas, y en relación con Kant, de esa libertad subjetiva se convierte en ley universal haciendo que todas las personas sean receptores de esa misma ley, porque al ser universal, es abstracta, e impersonal; sin embargo, en este principio, no se observa que las personas pueden tener diferencias y que estas conllevan a tratamientos distintos para que esa igualdad que busca justicia sea abordada de manera diferencial, una igualdad formal.

Podemos plantear que

> En la obra de Rawls la idea de justicia aparece por lo menos en tres contextos diferentes, primero, está la derivación de su principio de justicia a partir de la idea de equidad, la cual a su vez identifica las instituciones requeridas, con base en la justicia, para la estructura básica de la sociedad. Una segunda esfera la de la reflexión y desarrollo de un equilibrio reflexivo, en la cual pueden figurar los ideales de la justicia, pero la cuestión aquí concierne a nuestras evaluaciones personales respectivas sobre la bondad y la rectitud. El tercer contexto es lo que Rawls denomina consenso entrecruzado, que tiene que ver con los complejos modelos de nuestros acuerdos y desacuerdos, de los cuales dependen la estabilidad del orden social. (Sen, 2011, p. 82-83).

5.1.2. La justicia como capacidad

Otra concepción de justicia que ha venido tomando auge y se ha instalado como referente es la idea de la justicia desde Amartya Sen (2011); Sen Plantea que la justicia está relacionada en última instancia, con la forma en que las personas viven sus vidas y no simplemente con la naturaleza de las instituciones que las rodean. Critica cómo "muchas de las principales teorías de la justicia se concentran de manera abrumadora en cómo establecer "instituciones" justas, y conceden una función subsidiaria y dependiente a las cuestiones relacionadas con el comportamiento" (Sen, 2011, p.15), es decir, que la perspectiva de justicia de Sen promueve un análisis sobre la justicia más allá del limitado análisis sobre el contrato social y plantea que su enfoque de la justicia se sostiene sobre el énfasis de la evaluación de las vidas reales. Indica Sen que no hay nada que se pueda calificar como justicia perfecta, "las preocupaciones prácticas no menos que el razonamiento teórico, parecen exigir un cambio radical de rumbo en el análisis de la justicia" (Sen, 2011, p. 16) por lo que en su trabajo intenta investigar comparaciones basadas en realizaciones que se orientan al avance o retroceso de la justicia para responder a preguntas como, por ejemplo: ¿cómo debería promoverse la justicia?

En estos análisis, Sen (2011) apela al enfoque de capacidades, este inicia con la búsqueda de una mejor perspectiva sobre las ventajas individuales que pueden hallarse en el enfoque de Rawls sobre los bienes primarios (p. 261). El concepto de capacidad de Sen se vincula muy estrechamente al aspecto de oportunidad de la libertad, visto desde la perspectiva de las oportunidades comprensivas y no solo con el enfoque de lo que sucede de la culminación. Es decir, que la capacidad está orientada hacia las libertades y oportunidades, esto es, la habilidad efectiva de las personas para optar por vivir diferentes tipos de vida a su alcance, en lugar de confinar su atención tan solo a lo que puede ser descrito como la culminación —o secuela— de la elección (p. 267).

Las características específicas del enfoque de capacidades de Sen (2011) son:

1. Apunta a un foco informativo para juzgar y comparar las ventajas generales del individuo y como tal no propone ninguna fórmula específica acerca de qué información puede utilizarse, pueden surgir usos distintos según la naturaleza de las cuestiones planteadas.
2. El enfoque de capacidades es un enfoque general, cuyo foco es la información sobre las ventajas individuales, juzgada desde el punto de vista de la oportunidad y no de un diseño específico sobre la mejor organización de la sociedad.
3. Apunta a la relevancia central de la desigualdad de capacidades en la evaluación de las disparidades sociales, pero como tal no propone ninguna fórmula específica para decisiones de política. Atrae la atención hacia la enorme significación de la expansión

de las capacidades humanas de los miembros de la sociedad, pero no establece ningún plan de acción para lidiar entre los conflictos entre consideraciones de unión o de distribución.

4. La perspectiva de la capacidad está ineludiblemente interesada en una pluralidad de aspectos de nuestras vidas y preocupaciones. Los variados logros que podemos valorar en la actividad humana son muy diversos. La capacidad que nos concierne aquí es nuestra habilidad de lograr varias combinaciones de actividades que podamos comparar y juzgar entre sí desde el punto de vista de lo que tenemos como razón para valorar.

5. El enfoque de capacidad se concentra en la vida humana y no solo en algunos objetos separados de conveniencia, como ingresos o mercancías que una persona puede poseer, los cuales se consideran en el análisis económico, como los principales criterios del éxito humano.

6. El enfoque propone un cambio de énfasis que pase de la concentración en los medios de vida a la concentración en las oportunidades reales de vivir, está particularmente interesado en trasladar este énfasis en los medios a la oportunidad de cumplir los fines y a la libertad sustantiva de realizar esos fines razonados.

7. Y finalmente: a) el contraste entre capacidad y realización; b) la composición plural de las capacidades y el papel del razonamiento (incluido el razonamiento público) en el uso del enfoque de la capacidad y c) el lugar de los individuos y las comunidades y sus interrelaciones en la concepción de las capacidades. (Sen, 2011, p. 261-265).

Como se ha expuesto la perspectiva de justicia planteada por Sen, reconoce la capacidad como la libertad y oportunidad de una persona de vivir diferentes tipos de vida a su alcance, con lo que se distancia, aunque reconoce los aportes de las teorías contractualistas de Kant y Rawls.

En la perspectiva de Amartya Sen encontramos los aportes de Martha Nussbaum (2007) al enfoque de capacidades, ella también hace una crítica sobre las concepciones de justicia de Rawls y Kant; para Nussbaum "la incapacidad de dar una respuesta adecuada a las necesidades de los ciudadanos con discapacidades es un grave defecto en las teorías modernas que derivan los principios políticos básicos de un contrato para el beneficio mutuo" (p. 110). Además de Nussbaum, Honneth también hace una crítica a los principios de justicia desde la perspectiva liberal e intenta ampliarlos al indicar que

> fue necesario solo un pequeño paso para llegar a la opinión generalizada de que la cualidad moral de las relaciones sociales no puede medirse solamente por la distribución equitativa o justa de los bienes materiales, sino más bien que nuestra representación de la justicia debe estar relacionada esencialmente con aquellas concepciones acerca de cómo y cómo qué se reconocen recíprocamente los sujetos (Honneth 1996, p.174).

Retomando la idea de justicia de Nussbaum a partir del enfoque de capacidades, ella plantea que su propuesta, a diferencia de la de Sen (2011), no es preguntarse por la satisfacción de las personas sino qué son capaces de ser y hacer las personas, esto indica que no solo se pregunta por lo que satisface a la persona con lo que hace, sino de lo que hace y está en condiciones de hacer. Y no solamente se pregunta por los recursos disponibles, sino acerca de cómo esos recursos entran o no en acción, posibilitando que las personas funcionen de un modo plenamente humano (Nussbaum 2017, p. 112).

La idea que se encuentra detrás del enfoque es doble: primeramente, que ciertas funciones son particularmente centrales en la vida humana, en el sentido de que su presencia o ausencia se entiende característicamente como una marca de la presencia y ausencia de la vida humana; y luego que existe algo que hace que estas funciones se realicen de manera verdaderamente humana, y no meramente animal (Nussbaum, 2017, p. 113) Continuando con Nussbaum, (2017) la idea central es la del ser humano como un ser libre dignificado que plasma su propia vida en cooperación y reciprocidad con otros, y no siendo modelado en forma pasiva o manejado por todo el mundo a la manera de un animal de rebaño. (p. 113)

Para su noción de justicia a partir del enfoque de capacidades, Nussbaum plantea una lista de diez capacidades centrales para el funcionamiento plenamente humano, que cada sociedad y cada individuo puede adaptar según las particularidades y formas de vida lo consideren:

1. *Vida.* Ser capaz de vivir hasta el final una vida humana de extensión normal; no morir prematuramente, o antes de que la propia vida se haya reducido a tal modo que ya no merezca vivirse.

2. *Salud corporal.* Ser capaz de tener buena salud, incluyendo la salud reproductiva; estar adecuadamente alimentado; tener un techo adecuado.

3. *Integridad corporal.* Ser capaz de moverse libremente de un lugar a otro; que los límites del propio cuerpo sean tratados como soberanos, es decir, capaces de seguridad ante asalto, incluido el asalto sexual, el abuso sexual de menores y la violencia doméstica; tener oportunidades para la satisfacción sexual y para la elección en materia de reproducción.

4. *Sentidos, imaginación y pensamiento.* Ser capaz de utilizar los sentidos, de imaginar, pensar, razonar y de hacer todo esto de forma verdaderamente humana, forma plasmada cultivada por una adecuada educación, incluyendo, aunque no solamente, alfabetización y entrenamiento científico y matemático básico. Ser capaz de utilizar la imaginación y el pensamiento en conexión con la experiencia y la producción de obras y eventos de expresión y elección propia en lo religioso, literario, musical, etc. Ser capaz de utilizar la propia mente de manera protegida por las garantías de libertad de expresión con respecto tanto al discurso político como artístico, y libertad de práctica religiosa. Ser capaz de buscar el sentido último de la vida a la propia manera. Ser capaz de tener experiencias placenteras y de evitar el sufrimiento innecesario.

5. *Emociones.* Ser capaz de tener vínculos con cosas y personas fuera de uno mismo, de amar a quienes nos aman y cuidan de nosotros, de penar por su ausencia, y, en general, de amar, de penar, de ex-

perimentar nostalgia, gratitud, temor justificado. Que el propio desarrollo emocional no esté arruinado por un temor o preocupación aplastante, o por sucesos traumáticos de abuso o descuido. (Apoyar esta capacidad implica apoyar formas de asociación humana que pueden mostrarse como cruciales en su desarrollo.)

6. *Razón práctica.* Ser capaz de plasmar una concepción del bien y de comprometerse en una reflexión crítica acerca del planteamiento de la propia vida. (Esto implica protección de la libertad de conciencia.)

7. *Afiliación.*

   A. Ser capaz de vivir con y hacia otros, de reconocer y mostrar preocupación por otros seres humanos, de comprometerse en diferentes maneras de interacción social; de ser capaz de imaginarse la situación de otros y de tener compasión de tal situación; de ser capaz tanto de justicia cuanto de amistad. (Proteger esta capacidad significa proteger instituciones que constituyen y alimentan tales formas de afiliación y proteger así mismo la libertad de reunión y de discurso político.)

   B. Poseer las bases sociales del respeto de sí mismo y de la no humillación; ser capaz de ser tratado como un ser dignificado cuyo valor es igual al de los demás. Esto implica, como mínimo, protección contra la discriminación basada en la raza, el sexo, la orientación sexual, la religión, la casta, la etnia o el origen nacional. En el trabajo ser capaz de trabajar como un ser humano, haciendo uso de la razón práctica e ingresando significativas relaciones de reconocimiento mutuo con otros trabajadores.

8. *Otras especies.* Ser capaz de vivir con cuidado por los animales, las plantas y el mundo de la naturaleza y en relación con todo ello.

9. Juego. Ser capaz de reír, jugar y disfrutar de actividades recreativas.

10. Control del propio en*torno.*

A. Político. Ser capaz de participar efectivamente en elecciones políticas que gobiernen la propia vida; tener el derecho de participación política, de protección de la libre expresión y asociación.

B. Material. Ser capaz de tener propiedad (tanto en la tierra como de bienes inmuebles), no solamente de manera formal sino en términos de real oportunidad; y tener derechos de propiedad sobre la base de la igualdad con otros; tener el derecho de buscar empleo sobre una base de igualdad con otros; no estar sujeto a registro e incautación de forma injustificada. (Nussbaum, 2017. p. 120-123).

Respecto de los estudios sobre discapacidad articulados con las discusiones sobre justicia específicamente en el enfoque de capacidades humanas, Nussbaum (2019) indica,

> Los méritos del enfoque de capacidades como aproximación a la justicia básica resultan especialmente evidentes cuando nos centramos en los derechos de la población con discapacidad. Como la discapacidad y la vejez se solapan considerablemente, una cuestión tiene que ver con el respeto y la inclusión en contraste con planteamientos basados en la idea de un contrato social para el beneficio mutuo, el enfoque de capacidades empieza con la idea básica de que las políticas sobre derechos fundamentales deben respetar la igual dignidad humana de todos los ciudadanos , independientemente de su actual productividad económica, y por lo tanto independientemente de si resulta económicamente ventajoso cooperar con ellos. Una segunda cuestión es la sensibilidad a las variaciones de la necesidad concebir los derechos en términos de recursos básicos polivalentes, como la renta o la riqueza. Sin embargo, la necesidad de recursos de la gente varía si tienen que alcanzar un mismo nivel de capacidad para estar operativos: una persona con discapacidad severa necesita más dinero para disponer de una movilidad plena que otra persona con una presunta movilidad normal. Además, buena parte de lo que esta persona necesita no tiene que ver con los recursos económicos, sino con una transformación social: accesibilidad para las sillas de ruedas en edificios y autobuses, por ejemplo. Si nos centramos en el objetivo de conseguir que cada persona sea capaz de cierto nivel de movilidad física, tendremos una imagen más rica de lo que es necesario hacer para incluir a las personas con discapacidad como ciudadanos plenamente iguales. (p. 262- 263).

Para analizar tales propósitos del enfoque de capacidades, Nussbaum (2003) plantea la eminente necesidad de cotejar y evaluar a partir de estudios de caso estos postulados, tal como ella misma y Saul Levmore lo hacen en su libro *Envejecer con Sentido.*

5.2 RECONOCIMIENTO Y REDISTRIBUCIÓN UN ABORDAJE A LA JUSTICIA SOCIAL.

Sobre las ideas de justicia a partir del reconocimiento y las acciones afirmativas que promueven la diversidad desde el merecimiento moral, los estudios sobre discapacidad pueden confrontar estos postulados en tanto que los derechos de las PcD no se garantizan por el principio de dignidad humana y merecimiento sino sobre principios de desigualdad, reafirmando los estigmas que se tienen sobre las PcD y por ende continuando con las injusticias y vulneración de derechos ya no solo de las PcD sino también de quienes, aun teniendo las capacidades, no contarán con los beneficios de las acciones afirmativas. En esta perspectiva, los postulados de Dubet (2012) para quien "una sociedad democrática en verdad justa debe necesariamente combinar la igualdad fundamental de todos sus miembros con las «desigualdades justas» que surgen de una competencia meritocrática equitativa" (p. 43) será fundamental plantear la necesaria discusión, como la desarrollaremos en las siguientes líneas, sobre la igualdad de oportunidades y la igualdad de posiciones y los postulados de Honneth quien indica, que el énfasis de la teoría del reconocimiento está en reconocer el sentido de identidad moral de las personas y la importancia para la autorrealización que tienen las relaciones intersubjetivas de reconocimiento.

Es por ello que los estudios sobre discapacidad se vinculan a problemáticas filosóficas y sociológicas como las teorías de la justicia, dado que es en estos donde encontramos experiencias de injusticia que nos obligan a discutir cuáles deberían ser los principios y criterios bajo los cuales una sociedad puede ser justa, más cuando una de las falencias o debilidades que han caracterizado los estudios de discapacidad y justicia es que, en ambos casos, estos se han desarrollado de manera separada negándose a la posibilidad de una retroalimentación que permita ampliar el rango de interpretación sobre las relaciones humanas, especialmente cuando se trata de aparentemente grupos minoritarios que hoy demandan reconocimiento (Honneth 1996), a partir de la igualdad de posiciones y la igualdad de oportunidades (Dubet, 2012), que amplíen la discusión de los principios tradicionales de la justicia como lo han sido la dignidad humana, la igualdad y la libertad.

La teoría del reconocimiento de Honnet (2009) parte de tres tesis centrales las cuales surgen a partir de la teoría de Hegel, estas son:

1. La premisa fundamental de una teoría de la intersubjetividad que presupone el reconocimiento intersubjetivo recíproco: "Sólo si ambos individuos se ven recíprocamente afirmados por su contrapartida de la actividad que ellos mismos realizan, pueden llegar de manera complementaria a una autocomprensión de sí mismos como un yo constituido en cuanto individuo y que actúa de manera autónoma" (p. 23).
2. La tesis de la teoría de la intersubjetividad de Hegel según la cual existen diferentes formas de reconocimiento que se distinguen según el grado de autonomía del sujeto. Honnet reconoce en Hegel tres formas de reconocimiento: el amor, el derecho, y la de la eticidad.
3. La tesis de la existencia de una lógica de un proceso de formación que responde a esas tres formas de reconocimiento y que se realiza a través de la lucha moral: "Los sujetos se ven en cierto sentido trascendentalmente forzados en el discurso de su proceso de formación de identidad a entrar, en cada estadio alcanzado de socialización, en un conflicto intersubjetivo cuyo resultado es el reconocimiento de sus pretensiones todavía no confirmadas de autonomía" (p.24).

Del estudio de esas tres tesis centrales del Hegel de Jena, resulta la versión de la teoría del reconocimiento de Honneth. Los tres modelos o esferas de reconocimiento reciproco que se dan en el caso de una relación bien lograda en esas tres formas que Honneth (2009) indica es la relación práctica del sujeto consigo mismo:

1. El amor que corresponde a las relaciones con la naturaleza afectiva del individuo como un ser necesitado que incluye la amistad y conduce a la auto confianza.
2. La esfera del derecho que implica un reconocimiento jurídico y al respeto de la persona autónoma que tiene por objeto la capacidad de la responsabilidad moral y lleva a la autoconfianza.
3. La solidaridad referida a una comunidad de valores compartidos, responde a la valoración social y tiene por objeto las capacidades y características del individuo como participante de un todo social, y lleva a la autoestima (p.25).

Es así como la crítica del agravio moral representa un puente entre la interpretación de la sociedad moderna con su proliferación de patologías, y la creación de una teoría constituida en la identidad individual y de la sociedad teniendo como punto de partida una concepción de sujeto desde el significado intersubjetivo de reconocimiento.

Honnet determina tres puntos de encuentro entre los autores de la primera y segunda generación de la teoría crítica ubicada en la escuela de Frankfurt y él como discípulo de Jürgen Habermas, lo que identifica como una misma línea de reflexión:

- La convicción del carácter patológico de la sociedad contemporánea ubicando su origen patológico en un déficit de racionalidad. A tal convicción también se asocia el carácter definitivo de lo no patológico en la sociedad, incluyendo el concepto de vida buena o posibilidades de autorrealización individual.
- La convicción (del carácter patológico) apoyada en su relación con las ciencias sociales encuentra o ancla ese déficit de racionalidad no ejecutada de una forma plena, en la organización social dada en el sistema capitalista.

- A través de la praxis, ejercicio pleno de la racionalidad que se asocia al carácter crítico frente a las patologías sociales, al ser bloqueado su desarrollo surge el sufrimiento representante de un interés emancipatorio.

Honnet (2009) entiende por agravio moral el carácter patológico de la sociedad contemporánea por lo que en el marco de su teoría del reconocimiento incluye a parte de su crítica a la patología e irracionalidad contemporánea, dos puntos de partida.

1. Desde la crítica inmanente (concepto abordado por Horkheimer) de la realidad social, aborda los conceptos de sufrimiento humano y conciencia de la injusticia presentes en los actores afectados, del carácter patológico de esa sociedad entendido por el autor como el agravio moral.
2. La referencia a un parámetro normativo más allá de principios de justicia.

El reconocimiento como verdadera esencia de la justicia para Honneth (1997) es un elemento fundamental de constitución de la subjetividad humana, indicaremos que el reconocimiento es un mecanismo tanto formativo como evaluativo. Es el medio por el cual formamos nuestro sentido del "yo" a través de los demás y nos autodefinimos. Compartimos con Honnet (1997) que los individuos articulan una identidad y un sentido de autoestima a partir de las relaciones sociales que los constituyen, reconocibles por la aprobación en las tres esferas del reconocimiento: el amor o afectiva, la jurídica o de derechos y la solidaridad o de aprecio social; es en estas esferas donde las relaciones humanas se materializan.

La esfera de reconocimiento afectivo (amor) se asocia a las relaciones primarias (amistad, relaciones padres-hijos) que generan fuertes lazos afectivos. La esfera de reconocimiento jurídica o de derechos y solidaridad permite una "generalización del medio de reconocimiento que le es propio en las dos direcciones de ampliación material y social de los derechos, por un lado se tienen en cuenta las diferencias en las posibilidades individuales de realización de las libertades garantizadas intersubjetivamente, y por otro, un círculo creciente de personas que habían sido excluidas o discriminadas le son concedidos los mismos derechos que a todos los demás miembros de la comunidad" (Honneth 1997, p.159). Y la tercera esfera remite al aprecio social, que es la valoración del aporte del sí mismo a una sociedad. En esta esfera es fundamental el trabajo, vía por la cual se concreta el aprecio social del desempeño y las capacidades individuales "la valoración social en las sociedades contemporáneas se mide en gran parte por la aportación que esa persona realiza a la sociedad en forma de un trabajo formalmente organizado" (Honneth 2009, p.267). Una contribución que es reconocida por los otros, y en ese proceso de reconocimiento se estimula el propio aprecio del sujeto.

Producto de la relación que hace Honnet (2009) entre la teoría del reconocimiento con la idea de lucha por el reconocimiento, derivada de su interpretación de Hegel y la reactualización basada en Mead, es que: "Lo que procura como fuerza moral los desarrollos y progresos en el interior de la realidad de vida social del ser humano es la lucha por el reconocimiento" (p. 26). La idea de la lucha por el reconocimiento tiene una triple función:

1. En el nivel ontogenético es el paso de cada individuo en su socialización a nuevas esferas de reconocimiento.
2. En el plano social-histórico se permite diferenciar distintas formas de reconocimiento en las sociedades tradicionales y la entrada al mundo moderno.
3. En el interior de cada esfera de reconocimiento existente se impulsa la liberación del potencial de desarrollo moral implícito (p.26).

Entonces ¿cómo articular estas discusiones del reconocimiento a los estudios sobre discapacidad y las PcD? Como hemos indicado en capítulos anteriores, las PcD históricamente han hecho parte de los grupos históricamente excluidos y estigmatizados, y no se han reconocido por sus aportes, sino que han sufrido la estigmatización al menos por dos de los estigmas planteados por Goffman (2006), defectos del carácter y abominaciones del cuerpo, sin embargo, como parte de sus luchas por el reconocimiento se ha avanzado en darles un lugar y valor en las sociedades, a tal punto que hoy las PcD se han ido reconociendo en las tres dimensiones desde la perspectiva de Honneth, la del amor, la del derecho y la de la solidaridad. En las luchas por el reconocimiento es donde se juegan los cambios normativos, por lo cual el logro de la justicia, que implica sobreponerse a una situación de desprecio o agravio moral, implica conflictos que posibilitan el progreso social, tal como se ha visto con las PcD.

Como principios de las luchas sociales, se encuentran los sentimientos morales de indignación que subyacen de la falta de reconocimiento y autorrealización "las confrontaciones y las luchas se entienden mejor si se toma también en consideración la gramática moral que se articula en el trasfondo. Entender el conflicto y la contraposición a partir de disposiciones morales y normativas, y no solo utilitarias" (Honneth 2009, p. 49).

En esta perspectiva habría que preguntarse sobre las motivaciones de las luchas sociales que han tenido las PcD y si estas luchas están referidas a un reconocimiento positivo o si se centran en lo que Honneth (1997) llama formas de menosprecio que son un

> comportamiento que no sólo representa una injusticia porque perjudica a los sujetos en su libertad de acción o les causa daño; más bien se designa el aspecto de un comportamiento, por el que las personas son lesionadas en el entendimiento positivo de sí mismas que deben ganar intersubjetivamente (p. 160)

Estos comportamientos implican un reconocimiento erróneo o dañado de los otros y se basan en tres tipos de heridas morales: 1) maltrato y violación (*Vergewaltigung*); 2) desposesión de derechos (*Entrechtung*) y 3) la deshonra (*Entwürdigung*). Estas tres heridas morales serán denominadas por Honneth como las tres esferas del menos precio, están ancladas a valores de diferentes grados sociales que se constituyen en formas de desvalorización de los sujetos, lo que implicará una convicción en los otros, para nuestro caso de estudio la discapacidad y las PcD, como personas que experimentan una desvalorización y una pérdida de autoestima que representan insuficiencias y por lo tanto, no puede entenderse a sí mismos como un ente apreciado en sus capacidades y cualidades características.

Estas tres esferas de menosprecio se caracterizan por:

1. La humillación física —tortura o violación: ya que priva al sujeto de la autonomía física en su relación consigo mismo y destruye su autoconfianza básica que le permite una relación con el mundo.
2. La privación de derechos y la exclusión social: ya que dentro de su comunidad no se le concede la imputabilidad moral de una persona jurídica de pleno valor.
3. La degradación del valor social de formas de autorrealización: Se da cuando los sujetos no obtienen la apreciación social de aquellas capacidades que adquirieron a lo largo de su vida.

Si realizamos una aproximación a los estudios de la discapacidad, cruzados con los aportes de Honneth en lo que respecta a una idea de justicia social, podríamos indicar que el identificar estas esferas de reconocimiento y menosprecio ha permitido pensar cómo la estructura normativa juega un papel fundamental en la construcción del sujeto en relación con los otros, para el caso de las PcD, esto se ha evidenciado en los avances normativos frente a su reconocimiento como sujetos de derecho y de capacidad jurídica; sin embargo, es importante reconocer en la perspectiva de Honnet que los grados de justicia social (dados en las esferas por el reconocimiento) responden a construcciones sociales dominantes que condicionan las prácticas de los sujetos y los reconocimientos mutuos. "Lo específico en tales formas de menosprecio, como se presentan en la desposesión de derechos o en la exclusión social, no consiste solamente en la limitación violenta de la autonomía personal, sino en su conexión con el sentimiento de no poseer el estatus de un sujeto de interacción moralmente igual y plenamente valioso" (Honneth, 1997, p. 163).

Esto confirma que las experiencias del sujeto con discapacidad se construyen en las relaciones intersubjetivas de un reconocimiento, que están limitadas por intereses particulares de grupos dominantes, por lo cual los grados de justicia y el contenido de la justicia en sí mismo dependen de verdades específicas que circulan, se legitiman, y se instalan en la conciencia de los sujetos. “Lo que pasa con el sujeto, entonces, es que queda complemente supeditado a una estructura que moldea y atrofia sus posibilidades de lucha, desde el mismo instante en que genera las formas en que se reconoce a sí mismo dentro de la sociedad” (p.164). De ahí que se considere que el reconocimiento recíproco, será la verdadera esencia de la justicia para Honneth, en tanto constituye un proceso de identidad y autoformación.

A estas discusiones de la justicia desde el reconocimiento, aporta Nancy Frazer (2018) su tesis en tanto plantea que

> En la actualidad, la justicia exige tanto la redistribución como el reconocimiento. Por separado ninguno de los dos es suficiente. Sin embargo, tan pronto como abrazamos esta tesis la cuestión de cómo se combinan ambos aspectos cobra una importancia máxima. (Frazer, 2018, p. 19)

Frazer (2018) plantea que hay que integrar en un único marco global los aspectos emancipadores de las dos problemáticas. Esto implica desde un punto de vista teórico idear una visión bidimensional de la justicia que pueda integrar tanto las reivindicaciones defendibles de igualdad social como las del reconocimiento de la diferencia. Esto en la práctica consistirá en idear una orientación política programática que pueda integrar lo mejor de la política del reconocimiento (p. 19).

Pero ¿qué entiende Frazer por redistribución y reconocimiento? pues bien, ella considera la redistribución y el reconocimiento en su referencia política; es decir, constelaciones ideales y típicas de las reivindicaciones que se discuten en la actualidad en las áreas públicas. Desde ese punto de vista plantea Frazer, que la redistribución y el reconocimiento no se refieren a los paradigmas filosóficos, sino más bien, a los paradigmas populares de la justicia que informan las luchas que tienen lugar en nuestros días en la sociedad civil (p. 21).

Con estas precisiones la idea de justicia social desde Frazer (2018) debe ser entendida como la posibilidad de articular la redistribución y el reconocimiento,

> considerar el reconocimiento como un tema de justicia es tratarlo como una cuestión de estatus social. Esto supone examinar los patrones institucionalizados de valor cultural por sus efectos sobre el prestigio relativo de los actores sociales. Si estos patrones consideran a los actores como iguales, capaces de participar en paridad con otro en la vida social, y cuando los consideren de ese modo, podremos hablar de reconocimiento recíproco e igualdad de estatus. Cuando en cambio, los patrones institucionalizados de valor cultural consideran a algunos actores como inferiores, excluidos, completamente diferentes o sencillamente invisibles y, en consecuencia, sin la categoría de interlocutores plenos en la interacción social, tendremos que hablar de reconocimiento erróneo y subordinación de estatus (p.36).

Lo anterior nos pone frente a la necesidad de ampliar la mirada de la justicia desde el reconocimiento a una mirada bidimensional donde se considere la distribución y el reconocimiento como perspectivas diferentes de la justicia y dimensiones de la misma, sin reducir una dimensión a la otra, esto es lo que Frazer denomina una paridad en la participación, que refiere a la manera en que "la justicia exige unos acuerdos sociales que permitan que todos los miembros (adultos) de la sociedad interactúen en pie de igualdad" (p.42).

A esta discusión de la importancia del reconocimiento y la redistribución como esencia de la justicia, se suman las discusiones de François Dubet sobre igualdad de oportunidades y posiciones que plantearemos a continuación, para sostener que los estudios de discapacidad tienen elementos fundamentales para aportar a la discusión sobre justicia social.

5.3 IGUALDAD DE POSICIONES E IGUALDAD DE OPORTUNIDADES

Para Dubet la justicia social debe estar concebida no solo en la discusión sobre la igualdad de oportunidades, que ha sido el enfoque utilizado especialmente en las políticas de inclusión social y equiparación de oportunidades, sino en la igualdad de posiciones. Esta forma de concebir la justicia social se centra

> en las posiciones que organizan la estructura social, es decir, en el conjunto de espacios sociales ocupados por los individuos, ya sean mujeres u hombres, miembros de minorías visibles o de la mayoría «blanca», «cultos» o menos «cultos», jóvenes o menos jóvenes, etc. Esta representación de la justicia social invita a reducir las desigualdades de ingresos, de condiciones de vida, de acceso a servicios, de seguridad, etc., que están asociadas a las posiciones sociales ocupadas por individuos muy distintos en varios aspectos: nivel de calificación, sexo, edad, talento. La igualdad de posiciones busca ajustar la estructura de las posiciones sociales sin poner el acento en la circulación de los individuos entre los diversos puestos desiguales. En este caso, la movilidad social es una consecuencia indirecta de la relativa igualdad social. En pocas palabras, no se trata tanto de prometer a los hijos de los obreros que tendrán tantas oportunidades de llegar a ser ejecutivos como las que tienen los hijos de estos últimos, como de reducir la brecha en las condiciones de vida y de trabajo entre los obreros y los ejecutivos. No se trata tanto de permitirles a las mujeres que ocupen los empleos hoy reservados a los hombres, como de hacer que los empleos que ocupan tanto las mujeres como los hombres sean tan iguales como sea posible. (Dubet, 2012, p. 43).

Lo anterior nos indica que la igualdad de posiciones construye un contrato social expandido y una solidaridad esencialmente «ciega» a las «deudas», a los «créditos» y a las responsabilidades de cada individuo.

> La igualdad de oportunidades como forma de entender la justicia, es la que se ha venido imponiendo en los últimos años, ésta se centra en la posibilidad para todos de ocupar cualquier posición en función de un principio meritocrático. Aspira menos a reducir las desigualdades de las posiciones sociales que a luchar contra las discriminaciones que obstaculizan la realización del mérito, permitiéndole a cada cual acceder a posiciones desiguales como resultado de una competencia equitativa en la que individuos iguales se enfrentan para ocupar puestos sociales jerarquizados. En este caso, las desigualdades son justas, ya que todos los puestos están abiertos a todos. Con la igualdad de oportunidades, la definición de las desigualdades sociales cambia sensiblemente en relación con el modelo de posiciones, porque son menos desigualdades de posiciones que un conjunto de obstáculos que se

> opone a que se establezca una competencia equitativa, sin que la estructura de posiciones sea a priori discutida (Dubet, 2012, p. 46).

Continuando con Dubet (2012) "la igualdad de oportunidades cambia profundamente las representaciones de la sociedad. Las clases sociales son sustituidas por grupos que pasan a ser definidos sobre la base de las discriminaciones que sufren con relación a su «raza», su cultura, su sexo y sus «capacidades especiales». Como estas marcas son negativas, cada uno de los actores que denuncia las discriminaciones afirma simultáneamente una exigencia de *reconocimiento* y transforma así el estigma en características positivas, rasgos culturales y sociales que fundan la diversidad de la sociedad" (p.46). En este sentido cuando estos grupos minoritarios en los que se encuentran las PcD sustituyen las clases sociales, la representación de la sociedad cambia totalmente.

De acuerdo con lo anterior, compartimos con Dubet (2012), que si bien se debe defender la prioridad de la igualdad de posiciones, no se le niega la legitimidad a la justicia de las oportunidades y del mérito, en tanto que ambas son importantes, sobre todo cuando se trata de los estudios sobre discapacidad.

> La primera es que la igualdad, al invitar a un ajuste de la estructura social, es «buena» para los individuos y para su autonomía; aumenta la confianza y la cohesión social en la medida en que los actores no se empeñan en una competencia constante, tanto para lograr el éxito social como para exponer su estatus de víctima para beneficiarse de una política específica. La igualdad de posiciones, aunque siempre relativa, crea un sistema de deudas y de derechos que lleva a subrayar lo que tenemos en común más que lo que nos distingue y, en ese sentido, refuerza la solidaridad. La igualdad de posiciones no aspira a la comunidad perfecta de las utopías y las pesadillas comunistas, sino que busca la calidad de la vida social y, por esa vía, la de la autonomía personal, ya que al no encontrarnos amenazados por desigualdades sociales demasiado grandes tenemos más libertad de acción. (p.49).

En últimas, la mayor igualdad posible es buena en sí misma en la medida en que no ponga en peligro la autonomía de los individuos, sin embargo, la igualdad de posiciones es la mejor manera de alcanzar la igualdad de oportunidades si se entiende por oportunidades "la posibilidad de circular en la estructura social, de recorrer los escalones, ya sea para subir o para bajar en función del mérito y del valor propio" (Dubet, 2012, p. 49). También esto va a suponer romper con algunas tradiciones clientelistas (como los puestos ya reservados para las minorías o PcD en instituciones educativas, o puestos de trabajo en tanto exige revisar el sistema de cuotas sociales con el objetivo de saber quién realmente gana o pierde y acabar con el "velo de la ignorancia" o por lo menos eliminar parte de la opacidad que tal modelo ha generado (Dubet, 2012).

Sin duda, las discusiones sobre justicia son amplias, diversas y complejas; en esta investigación nos resultan bastante potentes los análisis realizados por Sen y Nussbaum a partir del enfoque de capacidades humanas, en tanto su abordaje nos permite acercarnos a la noción misma de discapacidad y a las preguntas sobre justicia social, ¿qué son capaces de ser y hacer realmente las personas con discapacidad? También el análisis de Honneth, Frazer y Dubet, en tanto que no es suficiente para un estudio sobre la justicia social reconocer qué son capaces de ser y hacer las personas con discapacidad, sino, que será necesario preguntarnos sobre el reconocimiento de las PcD y sus luchas por el reconocimiento que han tenido, esto por supuesto, en el marco de un análisis de la justicia en la doble vía planteada por Frazer, como reconocimiento y como distribución, para finalmente, identificar en la tesis de Dubet si ha sido suficiente avanzar en la igualdad de oportunidades o si las PcD reconocen la necesidad de transitar a la igualdad de posiciones en la misma línea planteada por Dubet para lograr la justicia social.

Volveremos con estas discusiones en el capítulo de los resultados empíricos, entre tanto, damos paso al abordaje metodológico que se desarrolló para analizar los significados asociados a la experiencia de la discapacidad de PcD en Colombia.

Capítulo VI. Método

En el siguiente capítulo describiremos los aspectos relacionados con el método, como lo son el tipo de estudio, grupo de participantes, procedimiento, instrumento de recolección de información y las consideraciones éticas.

6.1. TIPO DE ESTUDIO

Se trata de un estudio cualitativo, basado en casos con un enfoque hermenéutico e interpretativo con personas con discapacidad que han estado vinculadas al campo académico de la discapacidad en Colombia, se aspira de acuerdo con Della Porta (2013) a comprender la complejidad de la unidad y no a establecer relaciones generalizadas entre variables, en esta perspectiva cualitativa se pretende integrar las teorías existentes que dan cuenta de la complejidad que implica la discapacidad en la experiencia de las personas.

El abordaje del concepto de experiencia se hace desde la mirada sociológica (Dubet, 2010) esta nos permite entender que el ser humano elabora un conocimiento de sí y que se reconozca la complejidad del proceso de subjetivación[14] que se da a partir de la experiencia, por lo que esta conexión entre experiencia y proceso de subjetivación mediada por el lenguaje permite salir de la dimensión individual de la experiencia hacia la condición colectiva de ella misma, junto con una dimensión histórica de la existencia del sujeto, "este quiebre epistemológico permite conectar la teorización filosófica de la experiencia con la

14. Proceso por el cual se obtiene la construcción de un sujeto (Badiou, 2009).

dimensión sociológica del sujeto, como quien produce el sentido de lo social a partir de la experiencia" (Soto, Rendón y Arancibia 2017, p. 309).

> Ampliar el concepto de experiencia hacia coordenadas históricas, territoriales y comunitarias puede permitir recuperar la experiencia como vivencia y método que salvaguarde la particularidad de ésta, y que su pretensión teórica no busque la universalización, sino hacer referencia a un hecho o fenómeno particular que está anidado en lo histórico y lo social (Ibid).

Para Dubet (2010) cada experiencia social procede de la articulación de tres lógicas de la acción: la integración, la estrategia y la subjetivación, es decir, que para abordar el concepto de experiencia es necesario discutir el de acción, Dubet (2010) recupera la diversidad analítica de la acción social, entendiendo que una acción es una orientación subjetiva y una relación. Esta discusión teórica implica tres ordenamientos en la metodología para llegar a la experiencia del sujeto: el primer ordenamiento es de tipo analítico, cuyo fin es "describir y aislar las lógicas de la acción presentes en cada experiencia concreta" (Dubet, 2010, p. 100). En este punto se retoma la visión weberiana según la cual una experiencia combina diferentes "tipos puros de acción". El segundo ordenamiento propende comprender "la propia actividad del actor", o el modo en que mezcla las diferentes lógicas, entendiendo al individuo como un "entre dos", "intermediario entre varias lógicas" y mundos. El tercer ordenamiento busca "ascender" desde la experiencia hacia el sistema. Vislumbrar "cuáles son las diversas lógicas de acción a través del modo en que los actores las sintetizan y las catalizan, tanto en el plano individual como en el colectivo" (Dubet, 2010, p. 100).

Compartimos con Soto, Rendón y Arancibia (2017) que el desafío para abordar el concepto de experiencia es contar con un método que permita recuperar la experiencia y la complejidad por comprenderla teniendo en cuenta al sujeto en una comunidad, una economía y una cultura, por lo que consideramos que tal desafío se puede abordar a partir del método de estudio de caso que se propone como posibilidad metodológica para esta tesis doctoral.

Ilustración 1. *Método para analizar los significados asociados la experiencia de la discapacidad inspirado en la propuesta de Dubet* (2010).

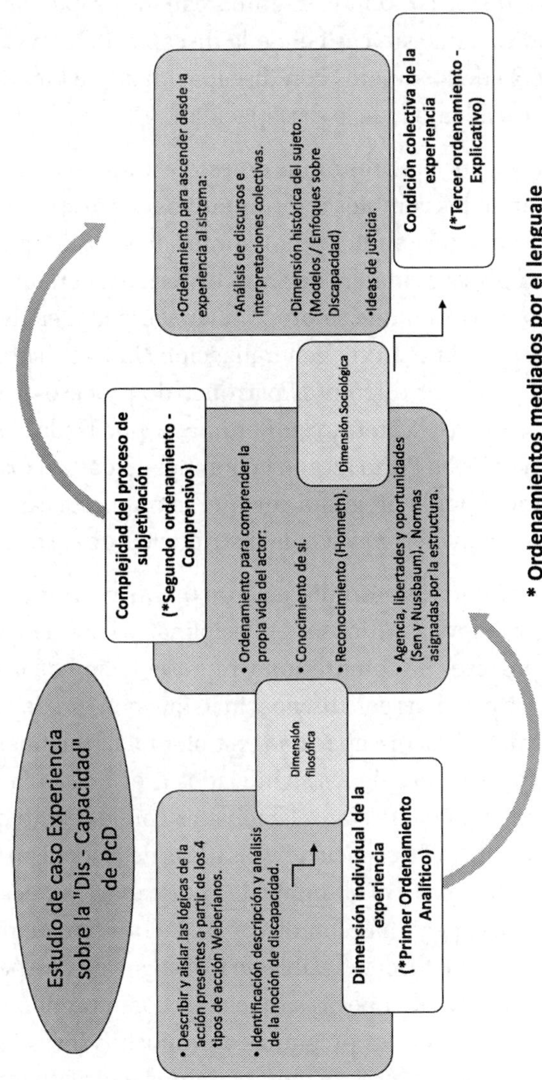

Fuente: Elaboración propia inspirada en la propuesta metodológica de Dubet (2010)

Este estudio resulta pertinente trabajarlo a partir de un estudio de caso, dado que interpela la subjetividad, cómo se piensa que es el mundo y cómo se concibe, como también implica el reconocimiento de los contextos históricos donde se enmarcan los problemas de estudio (Rotman, 2006), para este caso el de la discapacidad en Colombia desde la experiencia de los sujetos con discapacidad que han estado vinculados al campo académico de la discapacidad.

La emergencia e impronta de este estudio es marcar un recorrido identificando los cambios interpretativos, los desplazamientos de significado y la expansión de los horizontes de sentido que las mismas personas con discapacidad le dan a su experiencia en un contexto como el colombiano. De allí que se propone apelar a la idea de los tipos ideales "los cuales permiten una generalización limitada sobre la divergencia histórica y señalar diferentes patrones de procesos y estructuras en la historia" (Ragin y Zaret, 1983. Retomado por Della Porta, 2013) Continuando con Della Porta (2013), la homogeneidad en los estudios de caso se determina por la pregunta ¿de qué se trata este caso? y concluirá con la construcción de tipo y con la distribución de casos en ellos.

El interés de este estudio es aproximarse a comprender, desde una perspectiva teórica crítica, interdisciplinar y fenomenológica, cómo han sido los procesos de compresión y representación de la discapacidad por parte de las personas con discapacidad que han estado vinculadas al campo académico de la discapacidad en Colombia y finalmente, develar cómo las transformaciones de los significados asociados a la experiencia de la discapacidad pueden estar relacionadas con los cambios en los modelos de abordaje de la discapacidad y las ideas de justicia en Colombia. Consideramos que por ser el abordaje de la discapacidad desde la experiencia mismas de las personas con discapacidad un tema emergente, es pertinente apelar a un diseño flexible de investigación que permita una articulación interactiva de nuevas situaciones como también la posibilidad de algunos cambios en las preguntas y propósitos investigativos (Mendizabal, 2006). Lo anterior no le quitará rigurosidad al método dado que cada decisión se argumentará y explicará de una manera detallada y justificada.

Esta investigación basada en casos y con un diseño flexible es inductiva y se espera explicar el significado de la acción desde la perspectiva de los sujetos, para nuestro caso de estudio de las personas con discapacidad que han estado vinculadas al campo académico de la discapacidad en Colombia. Se espera entonces captar la definición de la situación (la discapacidad) que efectúa el propio actor social y el significado que éste (Persona con Discapacidad en el campo académico) da a su conducta. El análisis, por tanto, buscará contemplar la totalidad de la configuración en que se sitúa el actor y será por lo tanto holístico (Gallart, 1991).

6.2 PARTICIPANTES

Antes de describir y justificar los criterios de selección del grupo de participantes para el caso de estudio exponemos que según Maxwell (1996) retomado por Rotman (2006) los sujetos se escogen según el propósito de la investigación el cual es aproximarse a comprender, desde una perspectiva teórica crítica, fenomenológica y a partir del método estudio de caso, cómo se construyen los significados asociados a la experiencia de la discapacidad por parte de las mismas personas con discapacidad en Colombia.

De acuerdo con Gallart (1991) el criterio para determinar los sujetos no es probabilístico sino intencional y por saturación por lo que algunos de los criterios de selección serán:

a) Persona que se reconozca con discapacidad (hombres y mujeres).

b) De clase media y alta. Este criterio dado que se intenta recurrir a PcD que tengan oportunidades económicas.

c) Que hagan parte de algún colectivo o grupo de trabajo en el campo de la discapacidad. Puesto que el tema de investigación pretende interpelar el concepto de "Discapacidad"[15] se requiere que las personas que participen del estudio se hayan acercado a este concepto además desde la experiencia misma de la discapacidad, también desde algunos significados y enfoques teóricos que les permita desnaturalizar la categoría o comprenderla no solo desde su significado taxativo "sin capacidad".

d) Que estén entre los 25 y 50 años, puesto que en estas edades nos garantiza que las personas han transitado en su experiencia de vida por los cambios constitucionales vividos en Colombia desde la nueva constitución política de 1991 hasta 2019 año en el que se crea la ley 1996 sobre la presunción de capacidad[16].

e) Que sean graduados de universidades de Colombia. Este criterio se justifica en tanto que la investigación requiere de sujetos que hayan enfrentado y superado lo que desde el enfoque de capacidades humanas planteado por Amrtya Sen (2000) indica como "preferencias adaptativas[17]"

Continuando con Rotman (2006), esta definición de la muestra se plantea haciendo uso del criterio oportunista y como estrategia muestral

15. La discapacidad en comillas "discapacidad" es porque así se nombra ésta en el contexto actual y en la normativa colombiana, sin embargo, es posible que al acercarnos a los sujetos de estudio ellos nos indiquen que éste no es un concepto apropiado y refieran otras interpelaciones o nominaciones al concepto. Como, por ejemplo: Situación de discapacidad; condición de discapacidad o diversidad funcional.

16. Este criterio se tiene en cuenta dado que buscamos analizar también las transformaciones sobre los significados de la discapacidad y es justo en este periodo donde se han desarrollado los principales cambios jurisprudenciales, normativos y por ende en política pública sobre nuestro tema de estudio.

17. Se generan como una respuesta adaptativa a situaciones de restricción de oportunidades, por el cual se da el ajuste de las voliciones a las posibilidades del afectado; esta adaptación se manifiesta como una tendencia a eludir la frustración que se siente al experimentar voliciones que no pueden satisfacerse.

se hará uso de la bola de nieve en tanto que los sujetos para esta investigación son de difícil acceso, dado que actualmente en Colombia no hay una caracterización de la población con Discapacidad que esté vinculada en educación superior ni al campo académico. Para el contacto y vinculación de los participantes al estudio se nutrirá de la experiencia investigativa.

6.3 PROCEDIMIENTO

El desarrollo de la investigación se realizó a partir de cuatro fases que describiremos a continuación.

Fase No 1. Delimitación y definición del problema de estudio

Esta fase se desarrolló durante un año y medio, donde a partir de revisión documental, lecturas teóricas, seminarios académicos y la experiencia acumulada por los años de trabajo sobre la temática, se logró construir el proyecto de investigación delimitando y definiendo el problema de estudio: los significados asociados a la idea de la discapacidad por un grupo de PcD en el campo académico en Colombia.

Fase No 2. Contextualización y desarrollo teórico

Durante esta fase la cual fue desarrollada especialmente durante el siguiente año posterior a la formulación del proyecto y trabajada de manera trasversal hasta el cierre del proceso investigativo se trabajó en clave de conocer y establecer el estado en cuestión alrededor de los estudios de discapacidad como objeto de investigación. Asimismo, se plantearon consideraciones teóricas acerca de los modelos teóricos de abordaje de la discapacidad, miradas interdisciplinares de la discapacidad, la triada de discapacidad reconocimiento y justicia y se cierra con una de las categorías teóricas emergentes discapacidad y sordera.

Fase No 3. Trabajo de campo

La tercera fase fue el trabajo de campo, en este seleccionamos la muestra, se diseñó el instrumento de recolección de información a partir de la técnica de la entrevista a profundidad y se realizaron las convocatorias para el grupo de participantes, estas convocatorias implicaron el diseño de piezas accesibles, vídeos con lengua de señas y utilización de informantes claves que permitieran el acceso a una población que ha sido históricamente utilizada y en muchos casos manoseada para obtener información sin devolver de forma ética y responsable la información levantada. Posterior a la definición de la muestra y el acceso al grupo de participantes se aplicó la técnica y se pasó a la última fase del proceso investigativo.

Fase No 4. Organización, análisis y discusión de los resultados empíricos

En esta fase se organizó y analizó la información obtenida, las entrevistas fueron grabadas y transcritas en su totalidad en hojas de Word, posterior a la trascripción se categorizó en una hoja de cálculo de excel, cada una de las entrevistas y se ordenó el contenido en tres tipos de matrices así: Matriz no 1. Datos textuales; Matriz no 2. Datos sintetizados y Matriz no 3 hechos y tendencias. A partir de estas matrices, se identificaron relaciones entre categorías y sub categorías y se hicieron explicitas las significaciones de la experiencia de la discapacidad. Después de organizada la información, se finalizó el proceso con el análisis, interpretación y construcciones de sentido, confrontando, tensionando y cotejando los resultados empíricos obtenidos de la muestra seleccionada con las discusiones teóricas y conceptuales.

6.4 INSTRUMENTO

Se definió como instrumento el cuestionario a partir de la realización de una entrevista a profundidad (Anexo 1) alrededor de las siguientes categorías de rastreo de la información y en coherencia con los tres ordenamientos del método de la experiencia inspirado en Dubet (2010) primer ordenamiento analítico: significados asociados a la idea de la discapacidad; segundo ordenamiento comprensivo: Oportunidades libertades y el reconocimiento que han tenido las PcD en el campo académico de la discapacidad y tercer ordenamiento explicativo: Significados asociados a la experiencia de la discapacidad de las PcD con los modelos teóricos desarrollados en el campo académico de la discapacidad.

Lo anterior puede evidenciarse en la siguiente tabla:

Tabla 2. *Relación de objetivos específicos con categorías de rastreo de la información*

Objetivo General y específicos	Ordenamientos (Método de la experiencia inspirado en Dubet (2010))	Categorías rastreo/	Subcategorías
Analizar los significados asociados a la experiencia de la dis - capacidad, por un grupo de PcD que hacen parte del campo académico de la discapacidad en Colombia	**1er ordenamiento Analítico**	Significados asociados a la experiencia de la dis - capacidad	Discapacidad
			Significados de la experiencia
			Capacidades centrales
			Capacidades y libertades sustanciales
Esp. No.1: Identificar las oportunidades libertades y el reconocimiento que han tenido las PcD en el campo académico de la discapacidad en Colombia.	**2do Ordenamiento Comprensivo**	Oportunidades libertades y el reconocimiento que han tenido las PcD en el campo académico de la discapacidad en Colombia	Capacidades combinadas
			Reconocimiento y menosprecio

Esp. No. 2 Contrastar los significados asociados a la experiencia de la discapacidad de las PcD con los modelos teóricos desarrollados en el campo académico de la discapacidad en Colombia.	**3er Ordenamiento Explicativo**	Significados asociados a la experiencia de la discapacidad de las PcD con los modelos teóricos desarrollados en el campo académico de la discapacidad en Colombia.	Modelos teóricos en el campo académico de la discapacidad
			Categoría Emergente: Enfoque Dual
			Relación entre la experiencia de la discapacidad y la elaboración teórica de la discapacidad
Esp. No. 3 Develar la idea de justicia derivada de la experiencia de la discapacidad de las PcD en el campo académico de la discapacidad en Colombia.		Idea de justicia derivada de la experiencia de la discapacidad de las PcD	Idea de Justicia

Fuente: Elaboración propia

6.5 CONSIDERACIONES ÉTICAS

Para el desarrollo del trabajo de campo, se informó al grupo de participantes sobre los objetivos, el método, alcances y límites del estudio; así como del derecho o no de participar. A quienes aceptaron se les envió el consentimiento informado (Anexo 2) para que firmaran después de comprender el propósito y los demás aspectos del trabajo investigativo. Se tuvo especial cuidado en el manejo riguroso y confidencial de la información por cada una de las personas que participaron, de tal modo que el contenido de las entrevistas se hizo sin perjuicio del respeto de los derechos morales consagrados en la normatividad colombiana vigente.

La investigadora se comprometió a cumplir los principios éticos de reconocimiento, respeto y dignidad humana. Por lo que se respetó la libertad que cada una de las personas convocadas (que fueron aproximadamente 15) tenían para negarse o aceptar la participación en el estudio, de no utilizar la información obtenida en la investigación en contra de los y las entrevistadas y de garantizar el anonimato si así lo querían.

Como se evidenciaba en el cuadro anterior, una de las categorías emergentes fue la de discapacidad y sordera, por lo que a continuación presentamos una discusión teórica al respecto, en el marco de los compromisos éticos adquiridos con las personas sordas que fueron convocadas, pero que al no reconocerse como personas con discapacidad no fueron parte de la presente investigación.

Capítulo VII.
Enfoque dual: discapacidad y sordera

Mediante la ejecución de las técnicas para el levantamiento de información, surgió como categoría emergente la dualidad entre sordera y discapacidad, dado que la población sorda no se reconoce como persona con discapacidad, sino como minoría lingüística, pues como lo expone Báez y Triana (2020), es importante pensarse la situación y aprendizaje de las personas sordas mucho más allá de la memorización de la palabra o su respectivas señas, ya que el modelo de enseñanza y aprendizaje solo se ha enmarcado en procesos largos de memorizar y no olvidar.

Lo anterior se ve reflejado en lo que Báez y Triana (2020), denominan "inclusión malograda", a lo que refieren que unen a tanto a las personas con discapacidad sean físicas, cognitivas, sensoriales con personas sin discapacidades para lograr así una socialización, sin embargo, se ha evidenciado que es una inclusión malograda pues se deja de lado

> Los procesos de acompañamiento y, a la vez, registrando una clara ausencia frente a la creación de procesos de aprendizaje y caminos didácticos diversos, los cuales inician desde la formación de un licenciado y se problematizan en el momento en el cual se privilegia el enfoque disciplinar sobre el pedagógico (2020, p.259).

Dejando en entrevisto que es necesario pensarse en diferentes procesos tanto de enseñanzas como de aprendizajes, sin embargo, viéndolo desde un ámbito educativo Colombia aún no cuenta con colegios exclusivamente para sordos solo se ha logrado evidenciar el acompañamiento de intérpretes, lo cual ha llevado que esta población se vea obligada solamente a memorizar palabras y señas reduciendo su aprendizaje a ello.

Lo mencionado implica, como lo expone Báez y Triana (2020)

> La desnaturalización del espacio percibido, no como realidad inmanente a la existencia social, sino como la yuxtaposición de elementos discursivos que conforman la realidad tangible, en la cual la diversidad social ha sido relegada con base en los preceptos de la ideología de la "normalidad" en el desarrollo del sistema capitalista moderno, de alcance global en los últimos dos siglos. (p. 261).

Es por ello por lo que en la realidad nos encontramos con la "inclusión malograda" pues la sociedad se fundamenta en la modernidad económica, política y social, trayendo consigo más exclusión y marginación a quienes por sus características corporales, cognitivas o sensoriales diversas no son funcionales a dicho sistema.

Sin embargo, Báez y Triana (2020) exponen que la población sorda se caracteriza espacialmente por "su dispersión, deslocalización y desterritorialización en las formaciones sociales y espaciales", llevando que el sujeto sordo en edad temprana conviva en un mundo ajeno a la realidad que viven, en donde se encuentran en un estado vulnerable, y dependiente a decisiones de los demás, pero se resalta que,

> Esta condición de dispersión o diáspora ha desarrollado recientemente estrategias que permiten la reexistencia como posibilidad estética creativa, y se muestra como potencia creadora que intenta esquivar los ideales de sujeto impuestos por el bio-poder, produciendo lenguas, narrativas, identidades, subjetividades e, incluso, nuevas formas de comprensión de lo sensorial y lo perceptual en la experimentación de la corporalidad, principalmente a través de la lengua de señas (p.263).

Por ello es necesario e importante reconocer las diversas formas de colectividades sordas las cuales se han visibilizado tanto social como espacialmente, viéndose relevante ampliar la educación en donde se permita la diversidad sensorial y corporal, en donde se modifique la imagen negativa de la discapacidad auditiva como lo expone Báez y Triana (2020), desde apuestas basadas en los sentidos como elementos primarios en la construcción de imagen del espacio habitado, en el que todos indistintamente de la condición conformamos la diversidad.

En este mismo orden de ideas Huerta, Varela y Soltero (2018), exponen que las personas sordas son consideradas como un grupo de diversidad lingüística y cultural, pero aun así siguen siendo categorizados como personas con discapacidad, en donde "por lo que dependiendo de la etiqueta con la que sea tratado el sordo, es como se desempeñará en el mundo de los oyentes" (p.66), lo que conlleva a que se evidencien comúnmente dos categorías, ya sea cómo sordo o incluso como enfermo sin habla a lo que se tiene que "rehabilitar".

Señalando que la palabra rehabilitar surge de las concepciones de OMS, pues señalan que todo sordo se comunica usando una lengua de signos, indicando que el individuo con alguna de las deficiencias auditiva referidas se denomina como "discapacitado auditivo" o con discapacidad auditiva, ya sea hipoacusia o sordera. Así mismo la Organización Mundial de la Salud (2017), le da la etiqueta de persona con sordera en una situación de discapacidad y de enfermedad. Es decir que para estos estándares las personas sordas deben ser tratados como enfermos que requieren atención, pues la Clasificación Internacional del Funcionamiento (CIF) de la Discapacidad y de la Salud (OMS, 2001) evalúa al sordo en función de su desempeño auditivo, considerando la percepción de los sonidos y la discriminación de su localización, tono, volumen y calidad.

Por ello Huerta, Varela y Soltero (2018), plantean que partiendo de la conceptualización mencionada se observan tres situaciones para dicha población.

1. Se etiqueta al sordo como alguien que necesita ser rehabilitado o curado para ser incluido en la sociedad ya que de otra forma no sería posible.
2. Implícitamente se asume que la única forma de que el sordo sea aceptado en la sociedad es mediante la educación oralista o, en su caso, haciendo uso de implantes cocleares y apoyos auditivos que le permitan interactuar con la convencionalidad oyente.
3. Se descarta la importancia de la Lengua de Señas, La Cultura Sorda y las acciones que realizan las Comunidades de Sordos (CS)

para lograr el reconocimiento como una minoría lingüística y cultural. (p.67).

Por ello en la sociedad se evidencia mucho la necesidad de incorporar al sordo a la "normalidad", mediante el desarrollo de habilidades léxicas, sintácticas, semánticas y pragmáticas, uso del lenguaje metafórico, conocimiento prioritario y metacognición En otras palabras, no existe coherencia respecto a la metodología, los instrumentos e incluso a la conceptualización del Sordo, tomando en cuenta que se parte de que éste es un enfermo al que hay que rehabilitar e incorporar a la sociedad oyente. (Huerta, Varela y Soltero 2018).

Es así como se evidencia una lucha constante de la comunidad sorda por eliminar o erradicar la discapacidad auditiva y que estos no sean vistos como personas con discapacidad. De acuerdo con De Clerck (2012), citado por Huerta, Varela y Soltero (2018), en 2010, se dictaminó que todas aquellas medidas remanentes del Congreso de Milán de 1880 que afectaran el desempeño social del Sordo como persona, al igual que cualquier oyente, quedaban abolidas, esto con la intensión de alejarle del concepto de enfermo en el que se le tenía catalogado, allí fue donde surgió una de las acciones más importantes para la comunidad sorda, la inclusión de la lengua de señas como parte de la educación no solo para sordos, sino para la población en general.

Sin embargo, se resalta que una de las luchas más constante que ha liderado la población sorda ha sido contra las bases epistemológicas y conceptuales que se han desarrollado en la sociedad, en donde se busca "incluirlos" pero lo que se ha logrado ha sido un retroceso en sus procesos pues dichas concepciones siguen respondiendo al modelo rehabilitador catalogándolos como enfermo y no como comunidades de sordos o como minoría lingüística y cultural.

En concordancia a ello, Note (2005), citado por Huerta, Varela y Soltero (2018), propone que para lograr esa visibilidad como cultura/comunidades sordas o como minoría lingüística y cultural es necesario que los mismos miembros de las culturas sordas tienen el deber de sensibilizarse sobre su propia identidad, cultura, lengua y educación desde la ciencia, la cual ha sido negada debido al rezago académico y las categorías y estigmas que se les han otorgado, en donde se reconozca que la cultura oyente no prevalece como superior sobre la cultura sorda, dado que son culturas diversas y es la forma en la que el sordo va culturizando, dado que posee su propia etnicidad, historia, equidad, y derechos como todo miembro de una sociedad, pues como mencionan Huerta, Varela y Soltero (2018), al incluir al sordo en la categoría de persona con discapacidad se le restan precisamente esos derechos e igualdad que el Estado debe garantizarle como ser de derecho y ciudadano de la sociedad, ya que son las etiquetas de discapacitado, o "anormal" las que produce que los mismos miembros de las culturas sordas se sientan discriminados, luchando y enfatizando que tiene los mismos derechos y que no se consideran personas vulnerables o desfavorecidas ante la sociedad, por ello Huerta, Varela y Soltero (2018), aluden que

> Al identificar al Sordo como persona con discapacidad o miembro de una minoría, implica situaciones contradictorias entre sí, ya sea porque cuando el sordo se acepta así mismo con una deficiencia, reconoce que la mayoría oyente tiene razón al llamarle incapaz de incluirse a la normalidad, aunque esto le trae ganancias secundarias, como apoyos gubernamentales, proteccionismo por parte de las instituciones e incluso la dispensa del rezago educativo y psicológico que vehementemente han amparado los estudios de corte cognitivo, lingüista y oralista (p.69).

Pero es allí donde entran las luchas de la cultura sorda, pues manifiestan estar en contra de dichas posturas, al no permitir etiquetas que no les permita verse como grupo lingüístico y cultural minoritario, por ello Padden y Humphries (2005) citado por Huerta, Varela y Soltero (2018), "refieren que cuando los Sordos usan la Lengua de Señas y su Cultura para auto-identificarse como miembros de una minoría lingüística y cultural, estos elementos se convierten en medios que permiten la emancipación del Sordo de la convencionalidad oyente" (p.69), por ello se hace importante que las personas sordas revisen su identidad, "lo que les permitirá aceptar la propia responsabilidad de investigar aquello que les une, pero que a la vez les separa, no solo del resto de los oyentes, sino incluso de los mismos(S)sordos". (p.70).

Así mismo, también se hace crucial una revisión epistemológica y conceptual sobre la cultura/comunidad de sordos puesto que estos no se consideran personas con discapacidad, sino minoría lingüística y cultural, lo cual conceptualmente esta desvalorado, trayendo consigo que los sordos sean vistos como población incapaz de defender sus derechos y de verse en la obligación de incorporarse a la "normalidad", dejando de lado su etnicidad, sus necesidades y su reconocimiento tanto político, social y cultural.

Capítulo VIII.
La experiencia de la discapacidad

El presente capítulo y los subsiguientes contienen el análisis e interpretación alrededor de los resultados empíricos producto de las entrevistas aplicadas a las personas con discapacidad que hacen parte del campo académico. Se presentará inicialmente las características de los sujetos participantes del proceso investigativo y posteriormente se presentarán los resultados de acuerdo con las categorías y subcategorías abordadas en cada uno de los objetivos de la investigación.

Resulta importante precisar que la investigación no tiene como propósito dar cuenta de una explicación universal y generalizada sobre los significados asociados a la experiencia de la discapacidad, se espera una aproximación y elaboración reflexiva que se aleja de producir leyes generales para acercarse a lo concreto, lo específico, lo cotidiano e individual, es un estudio de caso de siete personas entrevistadas que hacen parte del campo académico, puesto que la discapacidad supone formas diversas que dependen del contexto social, político y cultural de las personas, el tipo de discapacidad, el ciclo vital, entre otros elementos que van a vincular la interseccionalidad[18] en la vida de quienes experimentan la discapacidad.

18. El enfoque de la interseccionalidad es entendido como una aproximación a la realidad social que nos permite identificar relaciones de poder y la producción de exclusiones e invisibilización de ciertos grupos sociales. Retomando a Leslie Mc Call (2005) son aquellas relaciones entre múltiples dimensiones y modalidades de las relaciones sociales y formaciones del sujeto.

8.1 CARACTERIZACIÓN SOCIO DEMOGRÁFICA DE LOS SUJETOS PARTICIPANTES

Como se expuso en el párrafo anterior, fueron siete personas entrevistadas, todas ellas pertenecientes al campo académico de la discapacidad, es decir, que están o han estado vinculadas a las universidades como profesores, profesionales o referentes académicos o como militantes de procesos y espacios que implican la conversación y discusión sobre la discapacidad como problema social.

Las edades de los y las participantes oscilan entre los 28 y los 56 años, cinco mujeres y dos hombres, de los siete entrevistados seis son profesionales egresados de Universidades de Cali y de Pereira, solo una no terminó la Universidad dado que se le presentaron problemas económicos y personales que no le permitieron finalizar la carrera, pero siguió vinculada a los procesos de organización de PcD y en espacios de formación sobre discapacidad, hasta convertirse en referente académico en universidades como la ICESI y Santiago de Cali, los siete entrevistados son de clase media, han estado o están vinculados en una o varias organizaciones de PcD además de la ocupación, como se evidencia en la tabla prevalece la vinculación en las ciencias sociales, humanas y psicológicas. Los dos hombres entrevistados además de su formación como Trabajador Social y Sociólogo respectivamente, tienen conocimientos en sistemas. Tres de las cuatro mujeres entrevistadas tienen hijos, todos los entrevistados refieren tener pareja, cinco casados y las otras dos personas en unión libre.

En adelante, las personas entrevistadas van a ser referidas, en sus fragmentos de relato de acuerdo con el orden en que fueron entrevistadas tal como se expone en la siguiente tabla.

Tabla 3. *Caracterización sociodemográfica de los sujetos participantes*

Sujeto/ Información general	Género	Edad	Nivel educativo	Ocupación
Participante 1, mujer 45 años, trabajadora social.	F	45	Trabajadora Social. Magister en Sociología.	Trabajadora social (Docente Universidad del Valle y Javeriana Cali)
Participante 2, mujer 56 años, coordinadora red Vallecaucana.	F	56	Técnico y Profesional sin egresar.	Representante de la veeduría ciudadana de Santiago de Cali, Coordinadora de la Red Vallecaucana de organizaciones de y para personas con discapacidad
Participante 3, hombre 43 años, sociólogo.	M	43	Sociólogo	Sociólogo Universidad del Valle Vinculado al Sector educativo y a Caja de compensación Familiar del Valle
Participante 4, mujer 35 años, licenciada en pedagogía.	F	35	Licenciada en Pedagogía	Pedagoga Universidad Tecnológica e Pereira Docente del Instituto de Cultura, Alcaldía de Pereira y Perteneciente a la Corporación de limitados visuales de Risaralda - CORPOVISION
Participante 5, mujer 37 años, trabajadora social.	F	37	Trabajadora Social Especialista en Educación para la Diversidad	Trabajadora Social Programa de Permanencia estudiantil Universidad Nacional sede Palmira

Participante 6, hombre 48 años, trabajador social.	M	48	Trabajador Social	Tiflólogo de la Secretaría de educación de Risaralda, Perteneciente a la Corporación de limitados visuales de Risaralda - CORPOVISION
Participante 7, mujer 28 años, psicóloga.	F	28	Psicóloga	Psicóloga Universidad Cooperativa de Colombia Perteneciente a la Juntanza Feminista Valle y Coordina el programa de Inclusión del Sistema Integrado de Transporte Masivo de Cali Mio.

Fuente: Elaboración propia

8.2 SIGNIFICADOS ASOCIADOS A LA EXPERIENCIA DE LA DISCAPACIDAD

Para abordar los significados asociados a la idea de la discapacidad tomamos como referente su categoría contraria la capacidad, desde la perspectiva del enfoque de capacidades de Amartya Sen y Martha Nussbaum, en coherencia con las subcategorías propuestas a continuación, se presentará la idea de la discapacidad que han construido las personas entrevistadas y posterior desagregaremos la categoría de capacidad en tres sub categorías, la primera la idea de capacidad y tipos de capacidades, seguida de la idea de ser y de ser capaz de hacer y finalmente la capacidad de agencia.

8.2.1. Idea de Discapacidad

Como hemos indicado en capítulos anteriores la idea que se ha construido de la discapacidad ha estado mediada por el momento histórico, el modelo de abordade desde el cual se la conciba, los avances tanto legislativos como teóricos y las luchas por el reconocimiento que las mismas personas con discapacidad han desarrollado en el marco de sus procesos de reivindicación. Al preguntar por la idea de la discapacidad que tienen nuestros entrevistados son variadas sus concepciones y miradas.

Encontrarnos que las personas entrevistadas nos indican que la concepción de la discapacidad se da dependiendo desde qué modelo sea vista, exponen que desde el modelo social la discapacidad es una construcción social que responde a valores sociales de Occidente, que generan discriminación o desventaja social en un grupo humano que no responde justamente a esos valores, la discapacidad como una barrera que la sociedad o el otro impone; también, apelan a una idea de la discapacidad desde la convención de derechos de las personas con discapacidad la cual indica que la discapacidad está enfocada hacia las barreras que coloca el entorno del ser humano.

> *Para mí la discapacidad es una barrera que nos pone el otro, porque hay algo que se subestima muchísimo, claro que no todo el mundo tiene la capacidad, pero yo creo que una gran mayoría, ehhh, se subestima mucho la capacidad que tiene el ser humano como de levantarse de las adversidades, desde la parte médica, la parte cultural, la parte familiar, ehh, todos lados... la convención dice que la discapacidad está enfocada hacia las barreras que coloca el entorno del ser humano.* (*Participante 2, mujer 56 años, coordinadora red Vallecaucana*).

Un modelo que prevalece en la idea de la discapacidad de los entrevistados es la que propone el modelo de la diversidad, el cual considera que es fundamental para aceptar definitivamente el hecho de la diversidad humana, entender que todas las personas tienen el mismo valor moral, sin que prevalezca la etiqueta dada por la discapacidad.

> *La discapacidad significa ser una persona diferente, porque la sociedad, la comunidad todavía no acepta, y no es porque no lo quieran, sino que falta mucho trabajo con la sociedad, con la comunidad de esa aceptación, que la mirada no sea diferente para mí, la discapacidad significa ser diferente, en la cual toca trabajar para uno incluirse en la sociedad y en la comunidad, porque en muchas ocasiones hay mucha dificultad para que uno sea incluido (...) uno mis-*

mo tiene que irse abriendo el espacio para poder trabajar, para poder estudiar, para poder llegar a una igualdad con los demás, sin embargo, ese rotulo que está allí y es el escuchar todavía infortunadamente: él es discapacitado, sí, entonces es muy complejo entrar a borrar de facto (...) ese sentimiento de pesar, de pobrecito, de escuchar esos comentarios en la calle ¿por qué lo dejan salir? ¡que pecao´! Pobrecito, debería siempre de estar acompañado. (*Participante 6, hombre 48 años, trabajador social*).

En el mismo modelo de la diversidad, decolonial o crítico (Brogna, 2019) encontramos otra idea relacionada con entender la discapacidad como una condición que obliga a hacer las cosas diferentes, la discapacidad como una multidiversidad funcional que tiene en común no pasar por "normal", regular o convencional (Millán, 2019)

Para mí, la discapacidad es una condición, ¿sí?, una condición pues que nos obliga a hacer las cosas diferentes, pues, eeh a nuestro propio ritmo, ¿sí?, pero sin dejar de lado el contexto social, sin dejar de lado la igualdad, ¿cierto?, tratar de estar a la par con los demás, obviamente teniendo en cuenta que nosotros por la condición, debemos enfrentarnos como a otro estilo, a otros estilos de vida, a otra forma de hacer las cosas. (*Participante 4, mujer 35 años, licenciada en pedagogía*).

La idea de discapacidad desde estas perspectivas, es una condición que obliga a las personas con discapacidad a hacer las cosas diferentes, a un ritmo propio, pero sin dejar de lado el contexto social, sin dejar de lado la necesidad de un abordaje desde dos principios humanos de la igualdad y la equidad, es garantizar la posibilidad de gozar de los derechos que tienen todas las personas, teniendo en cuenta que las PcD por las diferencias en el funcionamiento enfrentan otras formas de vida. De acuerdo con Gómez y Cuervo (2007), la discapacidad es parte de la condición humana y es el contexto social el que genera las barreras para que las PcD no puedan desarrollar sus capacidades (Nussbaum, 2012) y su vida de forma plena y digna.

La discapacidad es una condición de la diversidad humana, pero quien la vive es quien la goza y quien la sufre, y específicamente desde el mismo discurso. En este momento la discapacidad significa para mí una condición de vida distinta acercarse como se muestra el mundo como todos los hacen y con eso me acerco al mundo de no verte de manera física, pero me acerco al mundo con los otros sentidos es eso, es una condición de vida y una condición de la diversidad humana. (*Participante 5, mujer 37 años, trabajadora social*).

La idea de la discapacidad desde el modelo de la diversidad, implica entonces tener una condición de vida distinta, donde el acercamiento al mundo se hace de manera diferente, usando diversos sentidos y en esa medida como una condición de la diversidad humana implica otras formas de hacer.

Exponen dos de nuestros entrevistados que la discapacidad como su misma palabra lo indica es la falta de capacidad, como carencia y falta de habilidades que se presenta cuando una persona por cualquier situación pierde alguno de sus sentidos.

La discapacidad es cuando la persona, por alguna situación pierde alguno de sus sentidos ya sea visual o cognitivo, alguna función física digamos que es eso, pues es la perdida de alguna de sus funciones. (*Participante 3, hombre 43 años, sociólogo*).

Esta mirada de la discapacidad puede generar en el sujeto que la adquiere, culpa, frustración, rabia e impotencia por no poder realizar ciertas acciones.

La discapacidad como se conforma la palabra cierto, como se conforma pues el tema de dis, la carencia y la capacidad, las habilidades. (*Participante 7, mujer 28 años, psicóloga*).

En esta idea de la discapacidad, se evidencia como la categoría de capacidad, se ubica en el mismo nivel de la categoría de funcionamiento, lo cual resulta interesante dado que al revisar la literatura sobre discapacidad, encontramos permanentemente esta mirada de la discapacidad, como falta de un funcionamiento, esta perspectiva la podemos evidenciar en el modelo médico y rehabilitador el cual aborda la discapacidad como falta de capacidades, de limitaciones y deficiencia en el funcionamiento de los cuerpos humanos, la discapacidad incluso puede verse como una enfermedad o como ausencia de salud (Arnau y Toboso, 2008), en esta perspectiva de la discapacidad nos llama la atención que el funcionamiento o la capacidad, está vista desde la CIF (2010) sin embargo, desde los planteamientos de Sen (2000) y Nussbaum (2012) la capacidad trasciende el funcionamiento y se ubica en un conjunto de funcionamientos, oportunidades y libertades que tiene la persona, pero que también están dados por las posibilidades del contexto social en el que se encuentran las personas.

Finalmente encontramos una idea de la discapacidad como violencia estructural producto del modelo médico que estandariza las maneras como se evalúan a las PcD.

> *El modelo médico ha servido para estandarizar las formas de referirse y de evaluar a las personas con discapacidad, de alguna manera le ha dado estructura, pero una estructura que está cimentada en lo deficitario y para mí esto (refiriéndose a la discapacidad) no es una carga, ni emocional, ni física; la discapacidad es una forma de violencia estructural, "eeh" donde se señala un grupo social y se excluye. (Participante 1, mujer 45 años, trabajadora social).*

Esta idea de la discapacidad es también retomada en el modelo crítico de la discapacidad el cual no solo reconoce que es el medio social el que genera unas barreras, sino que además ha venido indicando como estas barreras se consolidan en formas de violencia estructural dado un orden social predominante en el marco de unos valores que legitiman, avalan y ponen como ideal unos funcionamientos que muy pocos son capaz de lograr, planteado unas estrategias de normalización y que a pesar de instituir el concepto de inclusión, perpetua la opresión y la invisibilización de las poblaciones marginales (Rojas, 2013).

8.2.2. Idea de capacidad y tipos de capacidades

Alrededor de la idea de capacidad y tipos de capacidades encontramos que hay una prevalencia en identificar la capacidad como la posibilidad de vivir una vida digna y tomar decisiones propias, también el poder vivir una vida autónoma, es decir, poder decidir sobre qué vida se quiere vivir con los apoyos o ajustes que requiere cualquier persona para llevar a cabo las acciones y desarrollar los proyectos que se desean.

Poder hacer, poder llevar a cabo ciertas tareas, poder realizar, poder trabajar, poder estudiar, sí, muchos verbos, por eso se hablan entonces de los ajustes razonables, dado que yo tengo discapacidad cuando tengo ciertas situaciones, pero si está el ajuste razonable ya la discapacidad pasa a un segundo plano y soy una persona capaz. (Participante 6, hombre 48 años, trabajador social).

También la idea de la capacidad la relacionan con la capacidad de agencia, tal como lo indican las siguientes entrevistadas:

La capacidad fundamentalmente es querer hacer las cosas, si no hay el querer hacer, la capacidad no sale. (Participante 2, mujer 56 años, coordinadora red Vallecaucana).

La capacidad de agencia está fuertemente relacionada con el deseo de hacer, de ser consciente que no es solo el poder, sino también tener y tomar la decisión de actuar frente a lo que se puede y desea hacer.

Las capacidades humanas, para mí fundamentales, están relacionadas con poder transmitir lo que siento, la comunicación con otro, creo que eso es lo fundamental. El empoderarme (...) hay una frase que me enseñó mi mejor amigo, en México nos conocimos por un juego de ciegos, y me enseñó esta frase que me encantó hace años y dice: "el no ver es una condición, el sufrir o padecerlo es una decisión" cuando yo puse esa frase tan poderosa en mi vida, pues desde ahí empecé a tomar decisiones, no es de la victimización sino el empoderarme de lo que soy como persona. (Participante 5, mujer 37 años, trabajadora social).

Se encuentra que la capacidad también está soportada en la idea de poder hacer lo que todas las personas pueden hacer, apelando a la idea de Amartya Sen quien indica que la capacidad es la habilidad efectiva de las personas para optar por vivir diferentes tipos de vida a su alcance (Sen, 2011).

Que tu puedas hacer todas las actividades, como cualquier otra persona, entonces digamos esa es la definición: que todos tengamos la oportunidad de hacer lo que los demás pueden hacer sin ninguna restricción. La comunicación, el entendimiento, conocimiento y la capacidad de poder tomar decisiones, digamos que para mí, esas son las condiciones básicas que deben tener las personas indiferentemente de sus capacidades, digamos que una persona con discapa-

cidad cognitiva puede tomar sus decisiones, es hacer los ajustes razonables y tiene la libertad para hacerlo. (*Participante 3, hombre 43 años, sociólogo*).

Otra idea de la capacidad está vinculada con la de habilidades sociales que les permiten a las personas enfrentarse a la vida, teniendo en cuenta las interacciones con el medio, los valores y principios de las sociedades y sobre todo el respeto por el ser, esta idea muy en la línea de Martha Nussbaum (2012) al preguntarse por: ¿qué son las personas y qué son capaces de hacer? y en esta perspectiva está un vínculo con el funcionamiento, sin reducirlo solo a este.

> *Bueno yo creo que eso también entra precisamente dentro de esa funcionalidad (...) como qué tan funcionales somos en este sistema tan capitalista y tan globalizado, y que definitivamente el ser capaz debería ser medido por fuera de eso (del sistema) (...)la capacidad debería ser lo que cada persona puede aportar, que pueden ser cosas que tal vez uno diga no, pero es que no es suficiente, no es tanto, no, es que para esa persona sí lo es, o sea, que definitivamente tiene que haber casi que un enfoque diferencial instaurado para la medición de la capacidad.* (*Participante 6, hombre 48 años, trabajador social*)

Sobre los tipos de capacidades se encuentran dos corrientes una relacionada con la funcionalidad, el ser capaz de hacer; y otra corriente, dada por el ser capaz de ser, por lo que aquí encontramos que el enfoque plantado por Martha Nusbaum (2012) es mucho más pertinente para el análisis en tanto que articula estas dos formas de concebir la discapacidad qué es capaz de ser y hacer las personas pero más allá del funcionamiento, las oportunidades o libertades apeladas por el enfoque de Sen (2000) y dejando a las personas que puedan elegir lo que quieren hacer y ser.

8.2.3. Idea de ser y de ser capaz de hacer

Alrededor de la idea de ser y ser capaz de hacer, las PcD que se encuentran en el campo académico indican que pueden ser y hacer lo que cualquier ser humano puede hacer y ser, solo que requieren de algunos ajustes, como todas las personas los requieren. También indican, que la discapacidad para ellos y ellas, aunque ha implicado limitaciones del medio, también los ha fortalecido en sus capacidades y habilidades y han demostrado que pueden desarrollar lo que se proponen. Como elemento potente exponen que la discapacidad les ha permitido reconocer a los otros seres humanos y que a ellos los reconozcan desde la esencia, quitando los rótulos sociales o estigmas (Gofman, 2006) que se imponen en las relaciones humanas.

> *Puedo construir una sociedad más equitativa, mucho más coherente, poder reconocer al otro desde la esencia de lo humano, creo que, una de las cosas más bellas que a mí me ha traído la discapacidad, es justamente que me relaciono con la esencia del otro, como que quito de lado ese rol social que tiene y puedo encontrarme con la esencia del otro; una relación desde la otredad.* (*Participante 1, mujer 45 años, trabajadora social*)

El ser capaz de ser y hacer está centrado en la elección o en la libertad, las personas eligen y tienen facultades de autodefinición (Nussbaum, 2012).

> *Ser capaz para mí es por desarrollar ese ser, que yo me sienta bien sin etiquetas. (...) ser capaz no es ser lo que hacen los demás, (...) si no eso que estoy haciendo sienta que lo estoy haciendo con mi capacidad, que me haga 100 % sentir expandible (...) Para mí ser capaz es ser para mí, no para los demás.* (*Participante 5, mujer 37 años, trabajadora social*)

De acuerdo con Nussbaum (2020) el mejor enfoque de capacidades está centrado en las libertades sustanciales que tengan las personas para elegir lo que consideran tiene valor, esto se evidencia en lo que expone uno de los entrevistados:

> *Empecé a tener una frase, tengo discapacidad para trabajar, pero capacidad para responder ¿sí? entonces, ¿Cómo hago para ser capaz de responder en medio de tanta desventaja que había adquirido? (...) entonces la capacidad está en lo que tú te creas capaz de hacer ¿sí? Es tener más bien la inteligencia de poder detectar cuáles son tus fortalezas, la matriz DOFA, tus fortalezas, debilidades, amenazas y oportunidades para poder potencializar al ser humano, independientemente de cuál sea su realidad de vida. Si desde el aula te enseñan: primero a no ser competitivo y a más bien reconocernos en las habilidades y valores, el ser humano se potencializaría mucho más. El trabajo que nosotros*

venimos haciendo es potencializar al ser humano, no ver la discapacidad, sino tu como ser humano como te podemos potencializar en ese marco de derechos. (*Participante 2, mujer 56 años, coordinadora red Vallecaucana*)

Lo anterior nos indica que el ser capaz de ser y hacer está ligado a los tres tipos de capacidades expuestas por Nussbaum (2020, p. 257) 1) el equipamiento innato de la persona, 2) las aptitudes y 3) las capacidades combinadas que son la mezclan de las aptitudes con las condiciones externas que posibilitan la libertad de elegir.

Otros entrevistados ubican esa idea de ser o ser capaz de hacer en las posibilidades que el medio les da, reconocen que no han tenido dificultad en hacer las actividades que desarrollan pero también expresan que lo que hacen y son, es producto de lo que la discapacidad les ha permitido en el marco de los funcionamientos posibles, teniendo presente que les hubiera gustado hacer otras cosas y tener otra formación, pero el no poder ver, en caso específico de una persona ciega no le permitió acceder a esos espacios.

No, hasta ahora yo no he tenido dificultad en hacer las actividades que me he propuesto, digamos que si hay un límite natural por la condición de la discapacidad, por ejemplo, hay ciertas cosas que uno por su discapacidad no puede hacer, y eso también limita tus posibilidades, si yo hubiera podido hacer otra carrera lo hubiera hecho porque me gusta mucho el área de la electrónica y la tecnología. La condición de discapacidad a veces limita esas oportunidades (...) (*Participante 3, hombre 43 años, sociólogo*)

El ser y ser capaz, también está relacionado con la posibilidad de saberse sujetos de derecho y en el goce de esos derechos, definir hasta dónde se puede y se quiere hacer, en ese sentido algunos entrevistados indicaban que ser, también les ha implicado identificar sus límites, aceptarlos y entender que no tienen que hacer cosas o sobre esforzarse por cumplir con unos deseos de otros o cumplir con unos funcionamientos que socialmente están establecidos de forma generalizada.

Yo diría que nuestro derecho de ser visto como todos los demás, derecho como persona, derecho a ser humano, el derecho a poder trabajar sin tener dificultades porque tengo una discapacidad, el derecho a la igualdad, el derecho a las oportunidades, en este caso estamos hablando de estudio, el derecho también a la recreación, como se dice cuando uno va a estos parques como se dice derecho a la diversidad a la recreación (...) yo creo que es fundamental para las personas en situación de discapacidad que no haya esa barrera pues para poder acceder a algún lugar obviamente uno es ciego pero yo a veces lo digo puedo ser ciego pero no tonto o sea, sí mi discapacidad es sensorial que es visual, yo no puedo hacer algo de una vez lo voy expresando que no puedo, pero la gente engloba eso de una vez en cosas, es el caso del derecho a la recreación, cuando uno va a algún tipo de parques, pues ellos cogen y dicen es que usted es discapacitado (...) aquí no puede venir, porque no puede subirse en muchas cosas. (*Participante 6, hombre 48 años, trabajador social*)

Lo anterior denota que una de las capacidades centrales del enfoque de Nussbaum (2017) como es la de recreación, se concibe como derecho, del que no siempre se puede gozar dada la condición de discapacidad.

Me siento muy capaz de hacer distintas labores que de pronto cuando estaba más chiquita decía bueno noo; así como también he aprendido que no soy capaz de hacer muchas otras y antes me autoimponía y que de hecho antes me decía ¿por qué? ¿por qué me tengo que sobresforzar? ¿A quién tengo que convencer? (...) Entonces, por eso te decía, que ha cambiado como eso de decir bueno, no fui capaz ¡Físicamente no lo estoy y ya! Y creo que incluso eso deja de romantizar esa discapacidad (...) no está mal saber cuál es nuestro límite físico, en caso de que sea cognitivo, emocional, y decir no: es que hasta aquí llego y está bien, está sano y no tengo que demostrarle a nadie que puedo hacerlo mejor o puedo hacer más. (*Participante 6, hombre 48 años, trabajador social*)

De las capacidades humanas en el marco de las dos preguntas qué son las personas y qué son capaces de hacer propuestas por Nussbaum (2017) encontramos que las PcD reconocen las siguientes siete como tipos de capacidades:

1. Integridad Corporal
2. Sentidos, imaginación y pensamiento
3. Emociones
4. Razón práctica
5. Afiliación

6. Otras especies
7. Control del propio entorno.

Frente a dos de las capacidades centrales que enuncia Nussbaum (2017) vida y salud corporal, estas también son reconocidas por las PcD sin embargo, nos preguntamos cuando Nussbaum propone la vida y la salud física como "ser capaz de vivir una vida humana de extensión normal; no morir prematuramente, o antes de que la propia vida se haya reducido de tal modo que ya no merezca vivirse (...) Ser capaz de tener una buena salud, incluyendo la salud reproductiva; estar adecuadamente alimentado; tener un techo adecuado" (pág. 120) ¿a qué hace referencia con lo normal? Dado que las PcD no están en lo que se concibe como normal y en el caso de la buena salud, también implicaría preguntarse ¿qué se entiende por buena salud? El no poder ver, no poder caminar, no poder hablar, no poderse mover ¿serían también formas de buena salud? Sin duda, lo que las PcD nos plantean es que estas capacidades tendrán que verse de una manera mucho más amplia que la forma en que se clasifican por el modelo médico rehabilitador, o lo que cada uno de nosotros consideremos es vida o gozar de una buena salud y en este punto consideramos que el modelo posestructuralista y la teoría crip (Mcruer 2020), nos dan apuestas importantes para ampliar esas ideas de "buena salud" y cambiar perspectivas alrededor de lo que se considera bueno y saludable.

8.2.4. Capacidad de Agencia

Un elemento fundamental en el abordaje de los significados asociados a la idea de la discapacidad por las PcD en el campo académico está relacionado con la capacidad de agencia que las personas tienen para decidir qué quieren ser y hacer, puesto que la mirada que históricamente se le ha dado a las PcD ha sido justamente desde la carencia y la imposibilidad de ubicarse como sujetos agentes de sus vidas, se encuentra como una constante en las personas entrevistadas que la mayoría se reconoce en su papel de agente.

A título personal, sí me creo con mucha capacidad de agencia, muchísima capacidad de agencia, para mí la discapacidad ha sido lo mejor que me ha podido pasar porque como siempre he sido de una forma de pensar tan diferente. (*Participante 2, mujer 56 años, coordinadora red Vallecaucana*)

No solamente en términos de sus propias vidas, sino también en el poder influir en la vida de los otros, donde logren promover la libertad en cuestión de derechos y pensarse la sociedad no de manera individual si no de una forma colectiva, una mirada de sociedad.

La capacidad de agencia ha estado como un elemento fundamental en las trayectorias de vida de las personas entrevistadas, y esto se evidencia no solo en lo relacionado con el cuidado y autonomía, también en la posibilidad de decidir sobre el conformar una familia, tener hijos, trabajar y en el influir en ciertas prácticas y formas de organización social que permiten cambiar la idea que tienen las personas alrededor de la discapacidad.

Siempre he creído que he tenido capacidad de agencia dependiendo del momento de la edad del contexto que me rodea entonces cuando estaba en el colegio era de buscar pues estar siempre hacer mis trabajos y pues cuando llegue a la universidad pues yo siempre voy a decir que cuando llegue a la universidad del Valle, cambió mi vida en todos los sentidos (...) de una persona ciega que estaba en un ambiente de protección, que se sentía en casa sino que la universidad Valle me permitió darme cuenta que yo podía ir más allá (...) Decidí casarme, nadie me obligó jajaja, decidí hacer una especialización, decidí ingresar al grupo musical, decidí que quiero seguir estudiando, en este momento soy la que decido sobre mí y eso me gusta. (*Participante 5, mujer 37 años, trabajadora social*)

Mediante la capacidad de agencia las personas logran encontrar estrategias de cambio, siendo conscientes que pertenecen a una sociedad excluyente en la cual no buscan encajar si no sobresalir, mediante la razón y como sujetos de derechos.

La capacidad de agencia no solamente es sobre el tema del cuidado, sino la posibilidad de pararme frente a la institución y plantearlo como un derecho y no como un favor que me está haciendo una institución, y para mí la capacidad de agencia, es poder incidir, digamos en ciertas prácticas o en ciertas formas sociales que se tienen con respecto a la discapacidad. (*Participante 1, mujer 45 años, trabajadora social*)

Es evidente, cómo el campo académico les ha permitido a las PcD potencializar esa capacidad de agencia, el formarse en los contextos universitarios, el reconocer sus derechos, el saberse ciudadanos iguales y con unas garantías constitucionales que les permite acceder a espacios que social y culturalmente no hubieran podido tener, es una muestra de la transformación de la vida de quienes se forman en la universidad y que siguen vinculados a lo académico como posibilidad y como forma de demostrar que son sujetos capaces.

Uno de los elementos que llama la atención es cómo para algunas personas entrevistadas la discapacidad ha sido justamente la que ha detonado esa capacidad de agencia, y la ubican como lo mejor que les ha podido pasar, en tanto les ha permitido darse cuenta que el "problema de la discapacidad" no es de ellos como sujetos, sino de cómo socialmente se significa.

> *La discapacidad, me hizo ser consciente que el problema no era mío, a pesar de que tengo una forma de ser muy sui generis, el problema es que te encasillan socialmente de cómo actuar, como caminar, como hablar.* (*Participante 2, mujer 56 años, coordinadora red Vallecaucana*)

Solo una entrevistada indicó que aún sentía que le faltaba capacidad de agencia y que, aunque se reconocía parte de una sociedad aún le faltaba fortalecer su seguridad.

> *Digamos que, que no del todo, pero sí, sí me siento como, como en la capacidad de hacer parte de una sociedad, de estar inmersa en una sociedad en la que puede expresar mis ideas, poder expresar mis críticas sobre X tema y pues bueno, sí, teniendo en cuenta qué se puede hacer sin límites, obviamente teniendo en cuenta el respeto por la opinión del otro y el respeto por el otro, por no herir susceptibilidades entonces lo veo como que sí tengo capacidad de agencia pero no como del todo, pienso que todavía me falta como fortalecer más mi seguridad y de pronto el dominio de muchas más cosas.* (*Participante 4, mujer 35 años, licenciada en pedagogía*)

Dos personas entrevistadas exponen que la capacidad de agencia justamente se las ha fortalecido el haberse formado en la universidad y el estar vinculadas al campo académico, en tanto el estudiar les ha posibilitado poner en discusión, y ver de forma crítica su propia vida y la manera como la quieren y desean vivir. También, el estar vinculadas al campo académico les ha permitido tener una mirada crítica sobre la misma discapacidad en su lugar de agentes.

> *Claro que sí, la cuestión de haber hecho una carrera en una universidad es muy chévere, claro que tiene sus pros y sus contras, y es el ¿por qué estoy haciendo esto? ¿para qué? ¿de qué me va a servir? constantemente me estoy haciendo esa reflexión y si es posible, hago la crítica: vea es que me pasó esto y no va por tal y tal razón, por lo menos, yo siempre me estoy haciendo esas preguntas, esa reflexión frente a la vida, frente a lo que me va pasando día a* día. (*Participante 6, hombre 48 años, trabajador social*)

Se denota como para las PcD que están en el campo académico, este ha sido un potenciador de su capacidad de agencia y ha sido un entorno que les ha permitido tener otras oportunidades en clave a su formación académica, sin ser el único espacio o campo que les ha permitido potenciarse.

> *Aunque ya tenía información en el tema (hace referencia a la discapacidad), digamos que mi experiencia y el bagaje que tenía era muy personal, creo que yo también me he permitido ampliar esos horizontes y reconocer otras experiencias y por eso siento que aunque la academia es importante, pues no es lo único incluso no es tampoco lo único en nuestra experiencia personal, creo que encontrarme con otras experiencias de otras personas: mujeres, hombres, que tienen diversidad funcional pues me ha permitido como ampliar esa categorización. (Participante 7, mujer 28 años, psicóloga)*

Además de lo anterior, su capacidad de agencia también les ha fortalecido su identidad y la identidad colectiva —como población con discapacidad— pues como lo mencionaba Carvajal (2015), la propia elección de la identidad social supone marcar objetivos de realización personal y/o colectiva, superando todo obstáculo que se presente reconociendo la pluralidad de identidades halladas en la sociedad y los entornos en que se desenvuelven.

> *Sí, tengo capacidad de agencia porque en las actividades que yo hago tengo que tomar decisiones, participar con otras personas con las que tenemos que tomar decisiones mutuas o a veces decisiones particulares que afectan al gru-*

po, entonces obviamente en mi caso no solamente en lo laboral sino en lo personal hay cosas en las que tengo que tomar decisiones y asumir también sus consecuencias, toda acción tiene una consecuencia entonces si tu tomas una decisión tienes que asumir ese efecto de esa decisión (*Participante 3, hombre 43 años, sociólogo*).

Por último, se alude que todas las personas entrevistadas indican que esta capacidad de agencia ha estado en cada momento de las trayectorias personales, en cada experiencia que han vivido y en cada desafío que han experimentado, logrando superarlos para enfrentarse a la sociedad, a espacios de participación, espacios de inclusión, en donde logran ejercer su rol como sujetos de derechos.

Capítulo IX. Oportunidades, libertades y reconocimiento que han tenido las personas con discapacidad en el campo académico de la discapacidad

En el marco de analizar los significados asociados a la idea de la discapacidad, resulta necesario abordar tres categorías centrales del enfoque de capacidades, y de los modelos de abordaje de la discapacidad como lo son las oportunidades, las libertades y el reconocimiento con sus respectivas restricciones, en este capítulo expondremos la manera como las PcD significan en sus vidas estas categorías y trascienden la mirada del funcionamiento o el diagnóstico, asociada al modelo médico rehabilitador que aún prevalece.

9.1 OPORTUNIDADES Y RESTRICCIONES A LAS OPORTUNIDADES

Las oportunidades, desde la perspectiva de Sen (2000), hacen parte de uno de los cuatro tipos de libertades; las oportunidades sociales hacen referencia a los sistemas educativos, la sanidad e influyen positivamente en la vida privada y en las actividades económicas y políticas. La mayoría de las personas entrevistadas indican que han tenido oportunidades y desde su valoración, pocas restricciones a las oportunidades, la mayoría exponen que estas oportunidades están en el marco de los contextos públicos y en la posibilidad de incidir en diversos espacios y colectivos dados por el campo académico en el que se desempeñan.

Las oportunidades para mí siempre se han dado partiendo de mi habilitación, ciego desde nacimiento y los estudios que he tenido hablo de bachillerato, primaria, universidad y los conocimientos que yo he ido consiguiendo (...) hace que las oportunidades giren entorno a ese tema en particular (lo académico) (...) entonces las oportunidades que yo he tenido laboralmente son más por el conocimiento y porque yo siempre he pensado que si yo me quedaba allí solamente con un conocimiento básico, en este caso de mi carrera, puede ser muy posible que no consiguiera trabajo fácilmente, porque igual nosotros somos muchísimos trabajadores sociales y ya me paso cuando yo estaba arrancando carrera yo llegue a una entrevista cuando una compañera de estudio y obviamente quedo al compañera que no tenía discapacidad, jajajaja entonces eso ahí parte de ese conocimiento, de esos estudios y del dar a conocer a los demás que yo puedo hacer lo hago muy bien. (*Participante 6, hombre 48 años, trabajador social*)

Incluso lo que podría verse como restricciones a las oportunidades las personas entrevistadas lo han tomado como formas de afrontamiento en nuevas posibilidades y retos, pues insisten en que esas restricciones no son por ellos, sino por las formas como socialmente es entendida y abordada la discapacidad y las personas que tienen discapacidad.

Siento que tenido la oportunidad más bella de conocer gente maravillosa, de seguir aumentando mi sensibilidad, mis ganas de seguir aportando al mundo (...) darme cuenta que la diversidad cada día crece, que definitivamente una nación me da oportunidades de conocer historias de vida (...) también he tenido la oportunidad de darme cuenta que a veces es muy bonito el discurso pero lo que más importa, más allá del discurso, son las acciones, es ser coherente y estar en ese tema académico, me ha permitido a no hablar con tanto romanticismo en las aulas, sino que creemos acciones concretas con oportunidades frente a lo que afecta a los jóvenes, entonces tratar de ir a su lado y aprendo mucho de los estudiantes con los que me rodeado la verdad me han enseñado mucho. (*Participante 5, mujer 37 años, trabajadora social*)

Como oportunidades exponen que se les presentan por el capital cultural y social que han construido, también han estado dadas por el empoderamiento de sus derechos y por el conocimiento que han adquirido sobre la discapacidad.

Las oportunidades han estado dadas por el capital cultural que vos construís, las relaciones sociales que estableces, la configuración de sujeto de derechos.

El poder ayudar a la construcción del conocimiento entorno a la discapacidad desde la experiencia. (*Participante 1, mujer 45 años, trabajadora social*)

Otros entrevistados denotan que las oportunidades se han presentado por su familia, sus amigos, por esa posibilidad de afiliación, incluso el haber tenido la vinculación en lo laboral les ha permitido abrirse espacios y consolidar nuevas oportunidades para sus propios proyectos.

Mis amigos son fundamentales yo estoy trabajando acá precisamente porque en mi trabajo yo trato de dar lo mejor de mí y el comentario llegó allá a la Secretaría de Educación, yo presenté papeles y me dijeron: venga que usted es el indicado, me han hablado muy bien de usted. Entonces pues los amigos claro que sí han sido fundamentales, mis redes familiares son muy bonitas, me han apoyado. (*Participante 6, hombre 48 años, trabajador social*)

Frente a las restricciones de las oportunidades se indican que éstas generalmente han estado relacionadas con el acceso a espacios laborales, porque la igualdad de posiciones desde la perspectiva planteada por Dubet (2012) no es posible, hasta tanto algunos de sus compañeros escalen y los recomienden. A pesar de que en el discurso se plantee la igualdad de oportunidades las PcD pueden tener capacidades que otras personas tengan, pero primero le dan la oportunidad a la persona que no tiene una condición de discapacidad, incluso así la PcD pueda tener más capacidades que esa otra persona.

Cuando estaba empezando a buscar empleo como tal, entregaba mi hoja de vida y me decían: "ah, si se ve chévere, pero si algo lo estamos llamando"; pero ese si algo lo estamos llamando, era un no, usted tiene discapacidad. Precisamente cuando yo empecé a hacer mi práctica de trabajo social, yo fui rechazado, la gente me decía: trabaje con los de su población, y dije: yo no quiero trabajar con la población con discapacidad, yo ya sé qué se mueve con la discapacidad visual, yo quiero hacer otras cosas, entonces yo me fui para una fundación de drogadicción, entonces allá me colocaron miles de problemas (...) al final se hizo un proceso muy bueno, la gente se dio cuenta que mi discapacidad no era un impedimento para desarrollar procesos de calidad. (*Participante 6, hombre 48 años, trabajador social*)

También identifican como restricciones en las oportunidades el construir una idea de familia y pareja dada su condición de discapacidad, como también el acceso a espacios sociales, de recreación y de turismo como los más representativos en esas restricciones.

> *Si es posible que no haya quedado en convocatorias de Universidades justamente por la condición. Hay un asunto con la movilidad, asociada a mi condición, que lleva mi tipo de discapacidad, eso es innegable, pues, que existe, pero también hay un asunto de valoración del otro. Claro, en términos de ser pareja, de hacer una familia, de participar en espacios sociales, de recreación, turismo, por ejemplo, turismo es una mierda, o sea hay limitantes. (Participante 1, mujer 45 años, trabajadora social)*

Otra restricción a las oportunidades ha estado vinculada a la posibilidad de estudiar, de acceder a espacios de recreación, de turismo o de crear su propia familia.

> *El colegio fue el espacio en donde tal vez llegué a sentir mayor restricción en oportunidades, sentir como ese feo por así decirlo, y eso que no necesariamente del colegio, sino las niñas y tal vez pues las directivas no tenían tampoco ni el conocimiento ni las habilidades como para trabajar ese tipo de cosas (...) yo si me atrevería a decir que los colegios son terribles en esa área, o sea, de hecho, la búsqueda de colegio fue espantosa. En general el tema educativo es muy complejo, en temas de la universidad también es difícil, especialmente con docentes. (Participante 7, mujer 28 años, psicóloga)*

Esta experiencia sugiere como el sistema educativo, aún no da oportunidades amplias y un adecuado manejo de las situaciones que se pueden presentar con las personas con discapacidad en los distintos espacios, como lo son el colegio o la universidad, son los mismos compañeros de estudio, o los docentes quienes generan restricción en las oportunidades en tanto limitan la posibilidad de interacción desde principios como lo son la igualdad y la equidad. También aparece la asignación de estigmas (Gofman, 2006) especialmente los asociados a defectos físicos y del carácter los que prevalecen en la interacción con las PcD y estos generan restricciones en las oportunidades de estas personas.

Solo una persona entrevistada indica que no ha tenido restricción en las oportunidades o que estas restricciones la ven como posibilidades.

No, restricción no porque siempre nos motivan es a empoderar el liderazgo, yo tengo puesto en los comités municipales de varios municipios del Valle y en el departamental, pero no porque sea la representante de la física o no, porque nos hemos ganado el espacio de asistir. (*Participante 2, mujer 56 años, coordinadora red Vallecaucana*)

La mayoría de las personas entrevistadas concuerdan en que la forma como han afrontado las restricciones es justamente verlas como una oportunidad, como posibilidad de aprendizaje e innovación tanto a nivel profesional, como a nivel personal. Puesto que indican que estas restricciones están dadas por cómo la gente los ve, pero no como ellos son.

Oportunidades pienso que muchas porque, he tratado que la gente por mi discapacidad no me haga a un lado, entonces eeh, trato de entablar conversaciones con los demás, de estar pendiente qué necesita el otro, como le puedo ayudar, entonces, he considerado que en sociedad me ha ido bien. (...) considero que he sido muy afortunada porque no me excluyen de ningún grupo (...) yo, me he sentido muy afortunada, he tenido la posibilidad de ir a paseos, de ir a campamentos, de ir a discotecas, de ir a parques de diversiones, no pues, de aquí en el trabajo también he tenido la posibilidad de ir a capacitaciones, entonces digamos a Bogotá y yo voy sola (...) esto está más o menos en la mente de cada uno entonces el bloqueo lo hace uno mismo, entonces no, soy partidaria de pensar en que el ambiente se lo hace usted mismo, ¿si? Entonces por eso las restricciones para mí como que no. (*Participante 4, mujer 35 años, licenciada en pedagogía*)

Frente a las formas de afrontamiento de las restricciones de las oportunidades, las personas entrevistadas desarrollan resiliencia, y logran entender que esas restricciones siempre van a estar y que hacen parte de cómo se aborda la discapacidad, en este sentido, toda restricción se asume como una posibilidad de demostrar que la imposibilidad, la limitación y la carencia está en quien los ve, más no en ellos y que estarán dispuestos a ganarse esas oportunidades.

No, hasta ahora yo no he tenido dificultad en hacer las actividades que me he propuesto, digamos que si hay un límite natural por la condición de la discapa-

cidad (...)mira uno en esto tiene que aprender a convivir con que te miren bien o con que te miren mal digamos que uno no se puede llenar de motivos con las demás personas (...) siempre yo les digo a los muchachos que van a empezar a trabajar que ustedes tienen que ser el mejor de los mejores, porque a ustedes siempre los van a mirar dos veces más que a las demás personas, y siempre, sus logros pueden ser minimizados a comparación de otra persona y entonces uno aprende a vivir con esa situación porque como te digo al principio te pega duro, pero ya con el paso de los años normalizas esas situaciones y las asumes, a veces de buena manera y a veces no, pero pues no te puedes poner a pelear porque no te dan esas oportunidades pues antes peleárselas y ganarlas . (Participante 3, hombre 43 años, sociólogo)

Las oportunidades no están aisladas del análisis de las libertades, por lo que resulta necesario analizar la forma como las PcD significan las libertades desde su experiencia de vida.

9.2 LIBERTADES Y RESTRICCIONES A LAS LIBERTADES

Hay cinco tipos de libertades desde la perspectiva de Sen (2000) las libertades políticas, los servicios económicos, las oportunidades sociales, las garantías de transparencia y la seguridad protectora. Estos tipos de libertades que también se expresan en oportunidades contribuyen a mejorar la capacidad de una persona, encontramos que las personas con discapacidad consideran que sí tienen estas libertades.

Si tengo libertad para hacer, deshacer, volver hacer, volver a deshacer, participar en todo el ámbito político, en intervenciones con la sociedad civil, represento una red importante, en donde tengo vos y voto, tengo libertad y autonomía. (Participante 2, mujer 56 años, coordinadora red Vallecaucana)

Las libertades relacionadas con la autonomía y decisión sobre sus cuerpos, cómo verse, cómo vestirse y qué hacer:

Yo decido cómo quiero vestirme, yo decido cómo quiero tener mi cabello, yo decido si quiero ir a un lugar o no, si quiero comer algo o no, cierto, también decido quiénes son mis amigos y pues quiénes simplemente serán conocidos (...) en primer lugar tener una claridad de quien soy qué es lo que me gusta y pues qué quiero para mi vida, y pues en segundo lugar ya como los gustos, como con qué me siento cómoda. (*Participante 4, mujer 35 años, licenciada en pedagogía*)

Se evidencia que las libertades políticas (Sen, 2000) donde se incluyen los derechos humanos y las oportunidades de decidir quienes los gobiernan y con qué principios también se denotan en los entrevistados.

Soy libre y no estoy donde me quieran manipular, en donde venga haga esto y tal cosa, no no no, trato de alejarme si es posible y chao. (*Participante 6, hombre 48 años, trabajador social*)

También se reconoce la libertad como la oportunidad social (Sen,2000) de tener acceso a los sistemas educativos, la sanidad, el transporte público y las actividades económicas y políticas.

Tengo la libertad de transitar la ciudad, abordar buses y transporte público, tuve la libertad de estudiar, de aprender música en bellas artes, de casarme, de coordinar eventos internacionales de personas ciegas; trajimos a 69 ciegos de diferentes partes del mundo a que vinieran al Valle del Cauca a conocer y vivir sus colores sus sabores y que tuvieron una semana turística de manera asequible. Tengo la libertad de ir a discotecas, y si no quiero ir, esa restricción me la he puesto yo porque no me gusta la bulla. (*Participante 5, mujer 37 años, trabajadora social*)

A estas libertades, se suma como lo indica Sen (2000, p. 234) la capacidad de agencia, pues ésta es fundamental para reconocer que las personas son responsables, actúan o se niegan a actuar de una forma u otra y por lo tanto se debe asumir la responsabilidad de hacer las cosas o no hacerlas.

Una de las entrevistadas indica que estas libertades tienen unas restricciones dado que como PcD están bajo unos lineamentos sociales que les han sido establecidos y que Nussbaum (2017) explicita indicado que lo que las PcD necesitan "no tiene que ver con los recursos económicos sino con una transformación social: accesibilidad" (p.263).

Si, pero no, si tengo libertades bajo unos lineamentos sociales que se me han dado, entonces claro yo decido si voy en la tarde al centro comercial o no, pero esa decisión está determinada por si el sistema de transporte tiene rampas o no, entonces sí pero no. (*Participante 1, mujer 45 años, trabajadora social*)

En ese sentido las restricciones a las libertades han estado en el marco de lo que socialmente está establecido para ellos y las limitaciones en el funcionamiento por la discapacidad, pero no por lo que son ellos como personas, en el marco de su agencia y su autonomía.

Hasta el momento de mi vida todas las decisiones las he tomado buenas, malas, regulares, pero pues he tenido la libertad de tomarlas. Digamos que la restricción como te lo decía ante la condición de discapacidad a veces sí te restringe ciertas decisiones de querer hacer, digamos yo quisiera tener un carro y poderlo manejar, entonces la discapacidad sí condiciona a veces lo que tu quieres hacer o lo que tu quieres ser, eso si no se puede negar y yo no lo niego, la condición de discapacidad te limita en alguna toma de decisiones, más porque no lo puedas hacer que por tu condición, que por el poder de decisión. Digamos que eso es real son condiciones que están establecidas que tu no vas a poder cambiar no hay opción de que tu puedas tomar una decisión diferente a que no lo puedes hacer y punto, y ya a veces se cierran las oportunidades porque son cosas que están establecidas y que por más que te quieran dar la oportunidad eso no lo vas a hacer. (*Participante 3, hombre 43 años, sociólogo*)

Otra de las restricciones a las libertades expuestas por los entrevistados es la de tener un trabajo estable, sin embargo, esta restricción no es exclusiva de las PcD pero sí se agudiza dada su condición, también, como restricción a las libertades está la vinculada con el aprendizaje de otros idiomas, pues no se cuenta con los recursos didácticos y pedagógicos para garantizar un aprendizaje de las PcD desde la diversidad que representan.

Una de las restricciones es tener un trabajo estable que me permitiera otras condiciones. Otra de las restricciones es el estudio de otros idiomas: Yo me sueño aprendiendo inglés, pero siento que las instituciones no se han ajustado y la Universidad es precaria en la formación del inglés y más para una persona con discapacidad visual. (*Participante 5, mujer 37 años, trabajadora social*)

Aquí vemos un elemento necesario de trabajar frente a cursos de segunda lengua para las PcD y más aquello que están en el campo académico, dado que esta imposibilidad claramente les trae restricciones en sus libertades y por consiguiente en las oportunidades para acceder a otros cargos.

El afrontamiento a esas limitaciones o restricciones de las libertades han estado significadas de varias formas entre ellas la frustración y el sobreponerse a estas situaciones que no están bajo su control.

> *Frustrándome, pero también sobreponiéndome a eso ¡ay bueno! si es lo que hay, me tocó vivir esto, ponerle un buen sentido a la cosa como que me toco así, pues venga hagámosle y pongamos una buena cara.* (*Participante 1, mujer 45 años, trabajadora social*)

Una de las entrevistadas indica que la forma de afrontar las restricciones a su libertad ha sido a partir de la rebeldía y de no acepar la imposición de restricciones por otros.

> *Creo que me he ganado ese terreno, o sea, creo que sí lo he conseguido, pero ha sido una lucha creo que se facilita mucho más cuando no tienes una diversidad funcional, cuando la tienes es difícil tener total libertad, incluso desde la casa. Definitivamente sí creo que he logrado hacer las cosas, pero ha sido porque he sido... como se podría decir... rebelde tal vez, o sea, como de llevar y hacer mi parecer no en buscar digamos, algo que me ponga en riesgo de autolastimarme o algo así, pero si como decir bueno, es que realmente sí quiero hacer lo que yo quiera e ir en contra de lo que tal vez ese contexto tan próximo esperaba que hiciera.* (*Participante 7, mujer 28 años, psicóloga*)

Llama la atención como una las entrevistadas no acepta restricciones en su libertad, ella en particular se ubica siempre como un sujeto colectivo que representa a toda una población y no solo a un sujeto en particular.

> *Ya la gente me conoce y ya saben, le recuerdo que yo no me quedo con un no, es más, en estos días, me dijeron es que usted no ha notado que vos te potencializas más cuando encuentras un no, y me quede yo pensando, será... no es que uno se potencialice con un no, es que la intervención de la sociedad civil tiene que estar tan reprimida que todo es no.* (*Participante 2, mujer 56 años, coordinadora red Vallecaucana*)

Aunque reconocemos la capacidad de agencia y fuerza en el relato anterior, también resulta pertinente retomar los planteamientos de Judith Butler (2021) quien plantea que estamos constituidos políticamente en virtud de la vulnerabilidad social de nuestros cuerpos; estamos constituidos por los campos del deseo y la vulnerabilidad física, es decir, que no somos del todo autónomos, ni libres sino que nuestros cuerpos están expuestos a una vulnerabilidad social (p.38), elemento que no permite una total libertad y que sin duda representa una restricción a las libertades que como personas tenemos, más cuando no se cumplen con los mandatos sociales de cuerpos normales.

Si bien el reconocimiento no es una categoría explicita en el enfoque de capacidades humanas, sí resultó potente articularla con la discusión de las oportunidades y las libertades, dado que como las PcD exponían en sus relatos el desarrollo de capacidades, oportunidades y libertades está dado por cómo la sociedad les reconoce. Por lo tanto, a continuación, expondremos los significados asociados al reconocimiento y menosprecio que han experimentado las PcD.

9.3 RECONOCIMIENTO Y MENOSPRECIO

De acuerdo con Honneth (2009) el reconocimiento se da a partir de tres esferas, la del amor que corresponde a las relaciones con naturaleza afectiva del individuo que incluye la amistad y conduce a la autoconfianza, la del derecho que implica un reconocimiento jurídico y la de la solidaridad referida a una comunidad que tiene por objeto la capacidad de la responsabilidad moral. Sin embargo, para las personas con discapacidad, estas no son las tres únicas esferas de reconocimiento. Siguiendo los análisis de Butler (2021), la diagnosis también es una forma de reconocimiento social, es un tipo de reconocimiento que incluso terceras partes utilizan para que las personas puedan tener acceso a pólizas de seguro y tratamientos médicos especializados (p.141).

De acuerdo con lo anterior, encontramos que las personas con discapacidad significan el reconocimiento de diferentes formas, una de ellas, como esa posibilidad de que se les vea como personas en su dignidad humana y en sus potencialidades dejando a un lado los estigmas y prejuicios, especialmente, los relacionados con la carencia, vulnerabilidad y pobreza que la mayoría de las personas comúnmente le asignan a la discapacidad.

> *En primer lugar que sepan que existo, pero que existo como persona no por mi discapacidad cierto (...) eso para mí significa ser reconocida, que sepan que estoy aquí, que existo, pero que no me vean solo por mi condición, sino por el ser; entonces el hecho de poder ayudar a mi familia, a mis amigos, que sepan que pueden contar conmigo, que estoy ahí, que los voy a poder ayudar desde mis posibilidades, y que no se enfoquen en ver en mi a la persona con discapacidad o a la discapacidad antes que a mí como persona.* (*Participante 4, mujer 35 años, licenciada en pedagogía*)

También expresan que les es importante saberse reconocidas como personas que son valiosas y pueden aportar a la sociedad, en clave a la esfera de la solidaridad expuesta por Honneth (2009).

> *La verdad, para mí es un orgullo saber que le puedo servir a la comunidad, a la sociedad y saber que soy útil a la sociedad, y la verdad es que afortunadamente mi la familia nunca me ha visto como persona con discapacidad, si no que más bien, me han visto como una persona que tiene conocimientos y que tienen en alguien como que les apoye y por eso, yo no he tenido problemas con ellos.* (*Participante 6, hombre 48 años, trabajador social*)

Otra forma de reconocimiento por la que las personas con discapacidad han luchado para que cambie es el que los vean como sujetos de especial protección o sujetos con un diagnóstico en la perspectiva de Butler (2021), esta apuesta o lucha por el reconocimiento (Honneth, 1997) que más adelante profundizaremos inicia en el ámbito familiar o en clave a Honneth (2009) en la esfera del amor:

> *Primero que todo, nosotros los seres humanos siempre tenemos ciertas situaciones con la familia, pues son quienes más nos aman, son los que más nos conocen y tienen la capacidad de darnos en el punto donde nos duele (...) yo recuerdo que con mi abuela hace muchos años tuve una discusión, porque pues ella por mi discapacidad quería mantenerme encerrada o aislada del mundo como que nadie me tocara, para ella fue muy duro que yo empezara la universidad y reconocerme capaz de hacer mi propia vida.* (*Participante 5, mujer 37 años, trabajadora social*)

El reconocimiento también se da en el ámbito público o esfera del derecho (Honneth, 2009), en la formulación de las políticas públicas, de los planes y los programas.

> *Que no nos sigan viendo como objetos, que no sigan decidiendo por nosotros que no nos sigan viendo como objetos vacíos, como marionetas que hay que mover que nos reconozcan así tan bonito como dicen en los discursos en las convenciones como las personas que dicen que somos, pero les convienen decir que somos personas con discapacidad solo para llenar esos espacios.* (*Participante 5, mujer 37 años, trabajadora social*)

Las personas con discapacidad expresan que siempre han estado expuestas al menosprecio, al menos en dos de las tres esferas planteadas por Honneth (2009), la desposesión de derechos y la exclusión social, tal como se ha visto en los apartados anteriores donde las PcD no pueden disfrutar de todos sus derechos por las restricciones y falta de oportunidades en su goce efectivo, las PcD lo han planteado muchas veces, si bien está el reconocimiento legal y jurídico en el goce efectivo y la puesta en marcha de tales derechos, no se concretan en acciones reales.

También se evidencia el menosprecio en la esfera de la deshonra o la degradación del valor social (Honneth, 2009), en tanto que como lo han indicado las personas entrevistadas no obtienen la apreciación social de aquellas capacidades que tienen y que han adquirido en su vida, pues prevalece la idea de la discapacidad desde la carencia, la falta, el estigma y el castigo junto con los mecanismos de exclusión como la descalificación, el exilio, el rechazo, la privación, la negación, el desconocimiento, es decir, todo el arsenal de conceptos o mecanismos negativos de la exclusión (Focault, 1974 -1975).

El menosprecio ha estado incluso evidenciado como herida moral (*Entrechtung*) en el abordaje de los procedimientos legales que generan desposesión de derechos, así lo relata una de las entrevistadas.

> *Yo necesitaba realizar en la notaría un documento que se llama declaración de herederos o algo así, entonces pues las personas, los amigos en común que teníamos el papá de mi hija y yo eran personas con discapacidad visual, pero ninguno de ellos me servía como testigo, pues o sea por el hecho de no ver, en*

la notaría definieron que no eran testigos válidos, ellos no ven pero lo vivieron, saben, vieron nacer a mi hija por decirlo así, compartieron como todo eso pero no, no sirven, entonces más que todo como en esa parte, y pues en lo de la salud, la accesibilidad a veces para las plataformas, de pronto en esa partecita si falta mayor reconocimiento, más cultura, más sensibilización, porque pues todavía se encuentra uno casos en que la gente desde la entrada, desde la portería la gente no sabe cómo tratarlo a uno, se sienten como encartados así como que uno molestara. (Participante 4, mujer 35 años, licenciada en pedagogía)

Llama la atención que una de las entrevistadas plantea que el menosprecio no se ha dado por su discapacidad, sino por su orientación sexual o por la silla de ruedas.

Sí, lo que pasa es que creo que en este momento no tanto como antes, en términos familiares ni siquiera por la discapacidad, si no por mi orientación sexual. (...) todavía me acuerdo y me duele, alguna vez con mi parche de amigos de la adolescencia, por tener la discapacidad, ellos siempre estaban los viernes en la casa entonces estaban un rato conmigo y luego se iban a rumbear salían, entonces una vez una amiga le dijo a otra: vamos con ella [refiriéndose a la entrevistada] entonces la otra dijo: encartarnos con la silla... y yo ayy. Y allí por ejemplo me sentí mal, fue doloroso como subvalorada (...) en términos familiares ni siquiera por la discapacidad, si no por mi orientación sexual, como que ay, no voy a visitarte porque vos sos lesbiana y de pronto estas con tu pareja. (Participante 1, mujer 45 años, trabajadora social)

Esto indica la existencia de la interseccionalidad (Munevar y Pérez, 2016) en la vida de las personas, además de ser una persona con discapacidad, es una mujer con orientación sexual diversa, todas estas características se inter seccionan en la vida de las personas, por lo que no es suficiente con el reconocimiento desde los enfoques diferenciales, sino el reconocer las intersecciones que se dan a lo largo de la vida de los sujetos y que se sobreponen continuamente en tales trayectorias.

Otro abordaje del reconocimiento estuvo dado por no darle importancia al mismo, dado que la discapacidad ha sido lo mejor que le ha pasado y le ha permitido obtener varios reconocimientos públicos.

Yo a eso no le pongo mucho cuidado, yo por eso al principio le decía, para mí la discapacidad ha sido lo mejor, porque antes todo lo que ellos veían negativo yo me lo veía positivo. Yo realmente a eso no le pongo cuidado, ya me acostumbré que de una forma muy natural, sin proponerme soy disruptiva, entonces en esa forma de ser disruptiva, no disruptiva negativa sino propositiva, positiva ya se han hecho cosas maravillosas y eso me ha llevado a obtener muchísimos reconocimientos. "la mujer vallecaucana, la mujer del Pacífico" "primera mujer con discapacidad de Cruz de Caballero en la historia del Valle del Cauca", "Defensora de derechos Humanos por parte de la Alcaldía de Cali". (*Participante 2, mujer 56 años, coordinadora red Vallecaucana*)

Un elemento constante que plantean las personas entrevistadas, es que con la discapacidad siempre van a tener historias que contar de menosprecio dado que la discapacidad es una marca social, genera diferencia, pero con el trasegar del tiempo y las relaciones con los demás, entender que es una marca social asignada pero que no es realmente lo que ellos son, hace que se naturalice, se logra adaptar tanto la persona con discapacidad como las que los rodean y aunque la frustración es constante, las PcD van aprendiendo a sobrellevar esas situaciones y sobre ponerse a las mismas.

Antes, mi mecanismo era como sentirme mal ante el menosprecio, o sea, tomarlo todo personal y me lastimó. Con los años ha sido verlo como: bueno pues hace parte del proceso de esa persona ¿y realmente yo soy eso, o realmente no? y quedarme con ese punto de vista, con lo que yo realmente soy, lo que yo realmente doy, y pues ya si la otra persona lo ve como desde la carencia desde la limitación, es responsabilidad de ella y he aprendido a no cargar con esas responsabilidades tan ajenas. (*Participante 7, mujer 28 años, psicóloga*)

Lo anterior nos permite reflexionar sobre los análisis de las teorías que hacen parte de los modelos críticos y pos estructuralista de abordaje de la discapacidad, en tanto que proponen la necesidad de construir otras formas de relacionamiento donde se desnaturalicen las categorías de normativización corporal como lo femenino / masculino; capacidad / discapacidad; sano / enfermo; homosexual / heterosexual (Gómez y García, 2017); demostrando que las categorías anteriormente mencionadas, entre ellas la discapacidad, no son categorías monolíticas sino que sus significados están asociados a asuntos culturales que pueden ser cambiados y reconstruidos desde otros órdenes.

Podría interpretarse la adaptación o el naturalizar las situaciones de menosprecio como un abordaje funcionalista, pero sin duda, aquí lo analizamos como un abordaje de la estructura que supera la capacidad de los sujetos que tienen una condición de discapacidad para cambiar y transformar esta estructura. De allí que resulte pertinente entender la discapacidad como "la amplia red de posibilidades, huecos, solapamientos, disonancias y resonancias, lapsos y exceso de significados que hallamos cuando los elementos constitutivos del funcionamiento corporal, mental o conductual no están hechos para (o no se pueden hacer) significar de forma monolítica (Mcruer. 2021, p. 208).

La posibilidad de cambio y de transformación de la significación que se le da a la discapacidad ha estado estrechamente vinculada a las luchas por el reconocimiento que colectivos y las PcD desde su experiencia han generado, por lo cual a continuación presentamos cuáles han sido estas luchas desde la experiencia de las personas entrevistadas.

9.3.1. Luchas por el reconocimiento

En las luchas por el reconocimiento es donde se juegan los cambios normativos (Honneth, 1997), estas luchas han estado vinculadas a los sentimientos morales de indignación que subyacen de la falta de reconocimiento y auto realización, de aquí que sea importante identificar cuáles son las luchas por el reconocimiento que tienen o han tenido las PcD en el campo académico.

Encontramos que hay una lucha asociada a que los reconozcan como personas con capacidades, como sujetos de derecho.

> *Las luchas que se han tenido, yo siempre he pensado y eso es lo que está pasando: la discapacidad salió del closet, pero la comunidad se encartó con nosotros, entonces lo que viene en ese reconocimiento de derechos y a través de esas leyes es que tristemente a veces tiene uno que usar mano de esas leyes para poder que sea escuchado, sea tenido en cuenta. (Participante 6, hombre 48 años, trabajador social)*

Sin embargo, el que se reconozcan como sujetos de derecho requiere de unos ajustes y de analizar cada caso, dado que ese reconocimiento legal ha caído en generalidades como pasa con las personas sordas[19] donde a todas las personas con discapacidad se las abordan como sujetos de especial protección, pero no se generan los ajustes razonables fundamentales para que puedan acceder y tener un goce efectivo de sus derechos en el marco de sus necesidades particulares.

> *El reconocimiento legal tiene un problema y es que las leyes a veces se hacen para todo el mundo, son generales, entonces hay decretos que no están bien acomodados y entonces se mal interpretan, por lo menos en el trabajo, los empresarios sí tienen bien claro cuándo ellos van a perder, alguna vez tuve una reunión con ellos [los empresarios], entonces de una vez sacaban un decreto ahí que dice que si nosotros contratamos una persona en situación de discapacidad no la podemos echar porque nos demandan. Se van por las generalidades y no por las preguntas de fondo sobre los ajustes razonables que deben hacerle a las PcD, no es que no puedan echar una persona con discapacidad, allí hay un vacío jurídico que no dejan claro y allí es donde viene la segunda situación; que a veces contratan personas en situación de discapacidad para ciertas cosas que pueden hacer pero por su desconocimiento y yo diría por su pereza mental, no han aprendido cosas y entonces eso hace ay no yo no vuelvo a contratar a una persona con discapacidad, porque vea eso no sirven es para nada.* (*Participante 3, hombre 43 años, sociólogo*)

19. Las personas sordas no se reconocen como personas con discapacidad, se reconocen como minoría lingüística, sin embargo, esto ha generado algunas brechas en la posibilidad de atención desde principios como la equidad dado que quedan por fuera de las garantías constitucionales o jurídicas que gozan las personas con discapacidad en clave a reducir la exclusión de la cual han estado históricamente expuestos. De ahí que académicos y personas sordas que analizan tal situación propendan por el abordaje del enfoque Dual como posibilidad de atender y comprender la comunidad sorda como minoría lingüística pero también que se les reconozca en la esfera del derecho como personas con discapacidad dada la necesidad de una atención particular y específica dada su condición de persona sorda.

También se evidencia una lucha relacionada con lo que son como colectivo y el empoderamiento que han tenido y deben continuar fortaleciendo:

> *Lo único que si te puedo decir es que cada vez que me dicen, mira se logró tal cosa, digo 'yes', si se puede, entonces se dan cuenta muchachos que si se puede, entonces no me vengan con la excusa, no vengan con que eso es imposible.* (*Participante 2, mujer 56 años, coordinadora red Vallecaucana*)

Otra lucha por el reconocimiento ha estado dada en la posibilidad de que ellos mismos sean quienes formulen políticas y planes y tejan el cambio para el desarrollo de sus proyectos de vida:

> *Las personas con discapacidad en la Universidad Nacional lograron formular el Acuerdo 36 del año 2012 Política de Inclusión Educativa (...) se logró crear una sala y como consecutivo que los mismos nombres lo pusieron los usuarios con discapacidad y es un espacio que lo construyen personas ciegas con discapacidades intelectuales donde se hace visible y donde todos podemos hacer servicios y acceder a los servicios culturales (...) otra lucha es haber hecho ese encuentro en el 2017 porque lo coordinaron unos argentinos fue difícil pero fue posible hacer que el Valle del Cauca tuviera una mirada distinta sobre la discapacidad y generar pedagogía que se puede hacer turismo accesible, otra conquista personal haber podido Ingresar a la Universidad Nacional a trabajar y hacer la especialización y el poder estar hablando aquí contigo.* (*Participante 5, mujer 37 años, trabajadora social*)

Otra lucha es ubicar la discapacidad como un problema social relevante y que se articule su discusión con otros temas relevantes en lo académico y la agenda pública:

> *Primero poner el tema de la discapacidad como de igual importante al del empobrecimiento (...) La lucha cotidiana de acceder a espacios; para mí, es sumamente importante hablar de sexualidades y discapacidades.* (*Participante 1, mujer 45 años, trabajadora social*)

En esa perspectiva es importante pensar la discapacidad como un campo de conocimiento, como esa amplia red de posibilidades, huecos y exceso de significados (Mcruer, 2021) que no solamente interpela cuerpos a partir de un diagnóstico, sino verla como un problema social y como una experiencia de vida de la cual ninguno de nosotros está exento de vivir (Maldonado, 2020).

Como logros de esas luchas por el reconocimiento se identifican primero los avances normativos, que aunque no son suficientes, sí les ha permitido desarrollar mayor autonomía sobre sus cuerpos y decisiones, como también el reconocimiento como sujetos de derechos y ya específicamente en el campo académico, se han podido empezar a establecer interacciones con otras personas, instituciones y colectivos, no desde la carencia, o la necesidad de inclusión, sino, desde la posibilidad de crear espacios académicos para hablar de la discapacidad en sus diferentes escenarios y dimensiones, porque no es lo mismo hablar de discapacidad en la ciudad que en lo rural, no es lo mismo hablar de mujeres negras con discapacidad, es decir, se ha ampliado las posibilidades de discusión sobre la categoría ampliando sus horizontes y nodos de sentido (Brogna, 2019).

Otro de los objetivos de esta investigación está relacionado con la idea de la justicia, puesto que el enfoque de capacidades, las luchas del reconocimiento y la igualdad de oportunidades y posiciones son justamente intentos de explicar las injusticias sociales y posibilidades para alcanzar la justicia. Es por esto, que en el próximo capítulo, presentaremos la idea de justicia que se deriva de la experiencia de la discapacidad por parte de las personas entrevistadas para continuar hilando las posibilidades y tensiones teóricas que se presentan en clave al caso de estudio aquí desarrollado.

Capítulo X.
Idea de justicia derivada de la experiencia de la discapacidad de las personas con discapacidad

Como indicábamos en el capítulo anterior, las discusiones teóricas entre las categorías de oportunidad, libertad, reconocimiento y justicia han estado aisladas de las discusiones sobre la discapacidad como campo de estudio, por lo que resulta pertinente identificar en los estudios de caso, cómo se relacionan estas categorías desde la experiencia misma de las personas con discapacidad.

Entre las definiciones más representativas sobre justicia podemos encontrar las siguientes: la aristotélica, la cual parte del principio de que una sociedad justa distribuye los bienes como es debido; dar a cada uno lo suyo; y además debe reflexionar sobre la manera más deseable de vivir. La del utilitarismo, parte de la maximización del bienestar, aunque posteriormente haya sido matizada por John Stuart Mill, al introducir los principios humanitarios a través de su teoría sobre la libertad. La propuesta por Kant y Rawls, quienes sostuvieron que los principios de justicia que definen nuestros derechos no deberían fundamentarse en ninguna concepción particular de la virtud o de cuál es la forma de vivir más deseable sino más bien, en el respeto por la libertad de cada uno de escoger su propia concepción de la vida buena y el contrato hipotético (Sandel, 2013); la de las acciones afirmativas que tiene como principio compensar las injusticias del pasado causando injusticias que son menores en relación con lo vivido, en esta perspectiva encontramos las discusiones de Dubet (2012) alrededor de la igualdad de posiciones e igualdad de oportunidades, y finalmente, los abordajes a la justicia de Honneth y Frazer desde las esferas del reconocimiento y el análisis bidireccional de la justicia social apelando a la necesidad de ubicar también la distribución y el reconocimiento como formas diferentes pero constitutivas de la justicia social, como también, entender la justicia a la luz de relaciones de poder y dominación que configuran ciertos contenidos morales de la justicia "poder generar una teoría que permita construir un puente entre subjetividad y orden político, que brinde una explicación a las diferentes formas de sufrimiento y no justificaciones normativas" (Honneth, Rancière y Genel 2016,p.121).

Sin embargo, aunque cada una de estas teorías tienen un componente reflexivo profundo que permite reafirmar el enunciado previo el cual reconocía la variedad interpretativa sobre qué es lo justo, también es claro que tales definiciones han implicado la aceptación de unas perspectivas que a su vez están negando la posibilidad de reconocer otras variables constitutivas de la sociedad; de allí que, a la primera tesis expuesta sobre justicia, es decir, la aristotélica, se le puedan formular preguntas tales como ¿qué le correspondería a las PcD? y ¿por qué esto les correspondería?

Si tenemos presente que los bienes suelen ser distribuidos según el máximo bienestar, la libertad y la virtud, cuando nos enfrentamos a sociedades diversas y donde cada persona puede tener ideas distintas sobre bienestar, libertad y virtud, esta idea de justicia tiende a tener tensiones y contradicciones.

Un ejemplo alrededor de estas tensiones es que las PcD serían consideradas poco útiles, garantizar su bienestar y libertad implicaría costos muy altos y al medir las preferencias sobre el valor que conlleva a la felicidad habría que usar un mismo rasero, en el cual quedarían negados los derechos individuales de las PcD. Como a esta perspectiva de justicia solo le preocupa la suma de la satisfacción, puede no tener miramientos con los individuos. Para el utilitarista, los individuos son importantes, pero solo en el sentido de que las preferencias de cada uno deben contar junto con las de todos los demás. Pero esto significa que la lógica utilitaria, si se aplica coherentemente, refrendaría maneras de tratar a las personas que violan normas de decencia y respeto que creemos fundamentales.

Otra tensión que se presenta en esta idea y que la podemos evidenciar cuando articulamos en el análisis la experiencia de las PcD, es que esta perspectiva de justicia desde el máximo bienestar está instalada en que, al transformar las cosas a unidades de valor, el análisis de costes y beneficios intenta aportar racionalidad y rigor cuando hay que tomar decisiones sociales complejas; para ello traduce todos los costes y beneficios a un valor monetario, y entonces los compara, así las cosas para garantizar el bienestar, la libertad y la virtud de las PcD que además son un grupo minoritario, implicarían costes muy altos por lo que bajo un principio racional y utilitario no sería posible que este colectivo tuviera lugar.

Desde la perspectiva de los principios humanitarios sobre la justicia planteados por Mills, ¿no se afectarían cuando abordamos los casos aquí presentados de las PcD en tanto las libertades de los individuos con discapacidades o sus cuidadores se ven limitadas por las oportunidades o falta de oportunidades que brinda el entorno? De allí, que el acercamiento al liberalismo como la búsqueda de ser nuestros propios dueños presenta problemas puesto que una PcD no siempre cuenta con todas las libertades para tomar sus propias decisiones, dados los estigmas y prejuicios históricamente construidos hacia ellos, ejemplo de esto la histórica negación de su personalidad jurídica.

Ahora bien, revisemos cómo significan la justicia las personas con discapacidad entrevistadas desde su expereicnia.

Se denota que la justicia se significa de diferentes formas, se encuentra la prevalencia de entender la justicia como poder gozar de los derechos y estar amparados por la ley para un goce pleno y efectivo de estos.

> *Pues para mí la justicia desde la mirada desde la discapacidad es tener un amparo de derechos, o sea, la salud ya no está en mano de los médicos, está en mano de los jueces, por las tutelas, los derechos de petición y todos esos temas, el médico te receta, pero quien te define es un juez, hoy en día tenemos algo que a mí me parece perverso, es que la clínica está contratando médicos que han hecho alguna especialización o han estudiado derecho, para poder mirar cómo le niego el derecho a la salud a tal persona.* (*Participante 2, mujer 56 años, coordinadora red Vallecaucana*)

Esta forma de significar la justicia podría dar cuenta de lo propuesto por John Rawls cuando apela a la igualdad formal, es decir el reconocer unos tratos diferenciados para el acceso a la garantía de los derechos en el marco de procesos de igualdad y de equidad.

Es poder acceder a todo lo que está dispuesto socialmente sin trabas, para mí eso es la justicia, que mas allá de mi condición yo puedo acceder y allí entra la noción de equidad. (*Participante 1, mujer 45 años, trabajadora social*)

En la perspectiva de la justicia como el goce de los derechos, otra persona entrevistada indica que la justicia es la posibilidad de participar activa y plenamente, también el tener unos deberes y el que las instituciones en los consensos entrecruzados[20] (Rawls, citado por Sen, 2011) reconozcan las diferencias para las PcD.

La justicia es que tu puedas participar, son las condiciones de tu participación y toma de decisiones, digamos que ese es el principio de la justicia, de que todos podamos participar y asumir, porque es que no se nos puede olvidar que así como hay derechos hay unos deberes (...) *Siento que allí* [*en temas de justicia*] *les hace falta trabajo a las instituciones, que desde el Estado tienen que velar por las mejores condiciones para la población con discapacidad, deben de velar que los deberes y derechos se cumplan, no lo hacen de la mejor manera, entonces que allí en esas instituciones particulares que son la base para que el resto de la sociedad pueda funcionar de alguna manera más justa, estamos fallando y bastante* (...) *deben de haber unas atenciones diferenciales para que la persona pueda acceder a sus servicios eficazmente que sean realmente unos servicios que cumplan con las expectativas y necesidades de la persona.* (*Participante 3, hombre 43 años, sociólogo*)

Retomando la perspectiva anterior, se encuentra una idea generalizada de la justicia como la posibilidad de acceder a las oportunidades y a los ajustes razonables o tratos diferenciados (Dubet, 2012) para disfrutar de esas oportunidades:

20. El consenso entrecruzado se retoma desde la perspectiva de John Rawls como complejos modelos de nuestros acuerdos y desacuerdos de los cuales dependen la estabilidad del orden social.

La justicia es darle a cada uno lo que le corresponde y merece por ejemplo, para el examen para postularme a la Dian (...) me inscribo a esas convocatorias de la Policía Nacional, la Registraduría Nacional (...) preguntan en el formulario si tienes discapacidad, eso fue ya hace un año, me colocan en un salón de gente con un poco de personas que no tenían discapacidad y cuando va empezar el examen yo dije: perdón, ¿dónde está el lector? Lo que me respondieron: aay... ¿usted necesita lector? y yo: no puede ser, me están viendo ciega, entonces para qué piden esa información en el formulario... me responden: ¡ah es que no nos habían informado! Esto hizo que empezara la prueba una hora después entonces (...) es más como poner esos principios, esa parte de la equidad que es como esos ajustes razonables que me pertenecen a mí, pero yo creo que esos tratos diferenciados no están mal, si no que lo que hacen es justamente de tener la equidad de generarte alguna igualdad al acceso de información, de conocimiento. (*Participante 5, mujer 37 años, trabajadora social*)

En menos prevalencia se encuentran dos ideas de justicia, una vinculada a la idea Kantiana de dar a cada quien lo que le corresponde y la otra de la igualdad de oportunidades a partir de la igualdad fundamental y las desigualdades justas (Dubet, 2012, p.43) en el marco de hacer los ajustes que se requieran para el acceso a estas oportunidades:

Cuando cada quien recibe lo que merece pero pues en términos de que, bueno si yo estudié cierto, entonces merezco ganar el examen, pero si yo no estudie obviamente que voy a merecer; si yo pasé mi hoja de vida junto con otras hojas de vida, vine hice el examen de ingreso, esperé a que me atendieran para la entrevista, pues puedo aspirar a merecer el cargo, pero si por el contrario yo no he estado presente en el proceso de selección, no llevé la hoja de vida, entonces como, no puedo pretender pasar por encima de los que si vivieron el proceso, para mí eso es la justicia. (*Participante 4, mujer 35 años, licenciada en pedagogía*)

Estamos exigiendo una silla de ruedas eléctrica pues que se ajustaba a mi funcionalidad, porque a mí no me sirve una silla mecánica, entonces la abogada de la EPS me decía cómo está pidiendo usted eso tan caro. (*Participante 1, mujer 45 años, trabajadora social*)

En esta perspectiva de justicia que expone la participante 1 resulta pertinente revisar la mirada bidimensional que hace Nancy Frazer (2018) de la justicia, dado que este abordaje exige la justicia desde el reconocimiento —como persona— y la redistribución, en tanto que tiene una discapacidad lo que hace que requiera una silla de ruedas eléctrica.

Frente a la pregunta sobre experiencias de injusticia las personas entrevistadas indican que las han vivido en el ámbito familiar:

> *Creo que las experiencias de injusticia que he tenido han sido con mi familia, de mi casa donde se me ha impuesto como el rol, el papel que debía cumplir, sin que yo lo hubiera decidido, creo que eso también ha llevado a que desarrolle más capacidades y eso jugó un papel importante, como el demostrar de que realmente yo, sí soy capaz, si lo voy hacer* [*irse de la casa y educar a su hija*] *y que a veces, incluso esas decisiones no las tomaba ni siquiera por mí, sino por demostrarle al otro que si era capaz.* (*Participante 7, mujer 28 años, psicóloga*)

Otro entrevistado indica que la mayoría de las experiencias de injusticia han estado en el marco del acceso al derecho a la salud:

> *Yo diría que las experiencias de las injusticias que he tenido son más que todo de orden público, y siempre están asociadas no sé por qué, siempre, tienen como la dificultad con esto de las EPS* (...) *porque ellos* [*refiriéndose a médicos, enfermeras y personal administrativo que atienen en los centros de salud*] *consideran que yo siempre debo estar acompañado y yo les digo no, entonces llegan a tal punto que tengo que recurrir a las leyes para hacer valer mis derechos* (...) *hay injusticias porque se desconocen las formas de actuar, a veces hay injusticias porque quien la ejerce, considera que está en su deber, está correcto y desde allí empezamos a actuar mal, si, por lo menos si vamos a ver las injusticias que hay con las personas con discapacidad es ese desconocimiento* (...) *ese manejo que se le da desde la persona que tiene su sentir y porque nunca han tenido esa proximidad con una persona con situación de discapacidad, entonces consideran que lo que digan o está haciendo, está bien hecho para la persona que tiene discapacidad y no siempre es así.* (*Participante 6, hombre 48 años, trabajador social*)

También las injusticias han estado dadas por lo que la gente considera es lo mejor para ellos o lo que creen que pueden o no pueden hacer, es decir reducen la justicia a la capacidad del funcionamiento y no a la libertad de darle a la persona con discapacidad la posibilidad de tomar sus propias decisiones.

De acuerdo con lo anterior consideramos importante retomar la idea de justicia social planteada por Frazer (2018) en tanto que la justicia social para las PcD implicará el reconocimiento de estos como sujetos de valor, considerar el reconocimiento como un tema de justicia es tratarlo como una cuestión de estatus social. Esto va a requerir examinar los patrones institucionalizados de valor cultural por sus efectos sobre el prestigio relativo de los actores sociales en este caso las PcD. Si estos patrones consideran a las PcD como iguales, capaces de participar en paridad con otro en la vida social, podremos hablar de reconocimiento recíproco e igualdad de estatus (Frazer, 2018, p.36). Pero también será fundamental reconocer la justicia desde la mirada de la redistribución, porque es claro que las PcD van a requerir unos tratos diferenciados, ajustes razonables que implican una redistribución especial para su vinculación social.

Capítulo XI. Significados asociados a la experiencia de la discapacidad de las personas con discapacidad con los modelos teóricos desarrollados en el campo académico de la discapacidad en Colombia

Una de las preguntas que han movilizado este ejercicio investigativo ha estado vinculada a si existe una incidencia de las experiencias de las PcD en el campo académico, sus luchas por el reconocimiento y los cambios y avances en lo modelos interpretativos sobre la discapacidad, por lo que resultó pertinente preguntarle a las PcD que están en el campo académico, si conocían algunos de los modelos de abordaje de la discapacidad y la relación con su experiencia. Por lo tanto, en los siguientes apartados abordaremos los modelos teóricos de abordaje de la discapacidad que las personas entrevistadas reconocen y la relación entre la experiencia de la discapacidad y la elaboración teórica de la misma.

11.1. MODELOS TEÓRICOS EN EL ABORDAJE DE LA DISCAPACIDAD

La mayoría de las personas entrevistadas reconocen al menos tres modelos de abordaje teórico de la discapacidad:

> *Digamos que hay tres modelos que se han manejado: es el modelo pues médico, que es el que se marcó hasta mas o menos 70s o 75s después venía el modelo rehabilitador y ahora tenemos el modelo social. Digamos que en este momento estamos más en el que tiene la Convención Internacional para Personas con Discapacidad ese modelo es algo entre social y médico pero donde prima más lo social que lo médico, digamos que ese es el enfoque, yo me siento más cómodo con ese último digamos que es más contemporáneo, está más adaptado a lo*

real y donde no le pone toda la carga de la discapacidad a las personas si no a la sociedad. (*Participante 3, hombre 43 años, sociólogo*)

Una de las entrevistadas indicó conocerlos todos:

Pues digamos que los conozco todos y tengo que manejarlos todos, el modelo de presidencia médico rehabilitador, social hasta el que está vigente en este momento digamos el de colonial o el anti capacitista que está muy fundamentado con las perspectiva críticas. (*Participante 1, mujer 45 años, trabajadora social*)

Cuando se les preguntó si consideraban necesario utilizar otro termino para la discapacidad la mayoría expresaban que el término no era un inconveniente, consideraban que más allá de cómo se denomine, el mayor problema o tensión está en la concepción que se tiene de la discapacidad como problema, carencia, deficiencia y limitación.

Yo creo que el término no es el inconveniente, el inconveniente es nosotros como población (...) personas en situación de discapacidad, diversidad, movilidad reducida, capacidades diferentes, o sea, entre nosotros mismos ni siquiera hemos logrado unificar el término y si nos vamos a medios, todavía nos dicen los discapacitados de Colombia, entonces el tema no es el término, yo por eso les digo a la gente miren y si tengo mucha confianza en el espacio, les digo llegó la chueca de María Eugenia, porque en otros espacios yo digo llegó la chueca de María Eugenia, de una salen términos "ay usted como nos irrespeta, como así que chueca, personas con discapacidad, persona con movilidad reducida y yo les digo, ayyyy que mamera, o sea eso es desgastante, entonces hoy en día yo le digo a la gente llámeme como quiera, porque es que hasta ese discapacitado suena hasta brusco, pero trabajemos en pro de empoderar a la población, no nos dividamos por un término, porque si nos ponemos a buscar el termino correcto sería el de la ONU, personas con discapacidad, porque primero hay que darle prevalencia a la persona y después a algo que te hace diferente, y diferente es; persona con gafa, persona con silla de ruedas, persona con caminador, persona con bastón, de hecho en los logos de las organizaciones nuestras, la primera instrucción que doy, a mi hija porque es la que me ha ayudado mucho con esos logos es, mamita recuerde ningún símbolo de discapacidad. (*Participante 2, mujer 56 años, coordinadora red Vallecaucana*)

Pues es que ni debería ser señalado, nada, sos una mujer y ya. (*Participante 1, mujer 45 años, trabajadora social*)

Yo no tengo rollo con eso, precisamente el lenguaje y los que estudian las cuestiones de discapacidad entonces dicen ya no se dice persona con discapacidad, se dice persona en situación de discapacidad, ya no se dice ciego si no que persona invidente, ya no se dice invidente si no ciego, particularmente yo lo analizo de que aunque cambien la forma o no, uno siempre va a ser una persona con discapacidad, y pues de pronto que lo adornen que quede bonito sí, pero después de que a uno, o sea yo pensaría que además de pensarse en ese resignificado es trabajar con lo que ya está y aprender empezando por quitar las restricciones de que hay barreras arquitectónicas y actitudinales empezando por eliminar las barreras actitudinales como me voy a referir yo a esa persona, usted es una persona con discapacidad a bueno, no me vayan a decir: "pobrecito el cieguito" no, es ciego y punto, como quiere que le diga no yo soy una persona ciega, pero si usted tiene valores yo me llamo Jorge si, es que vaya dígale al ciego, entonces dígame por mi nombre si usted me conoce pero yo pienso que cambiar el significado no nos va a cambiar la esencia fundamental que es tener discapacidad. (*Participante 6, hombre 48 años, trabajador social*)

No me preocupa porque inclusión no es cambiar la palabra, el rollo es que en la vida cotidiana se transforme el racionamiento hacia nosotros y ya, porque pues se pueden cambiar las palabras y pues seguir actuando igual es que no va a haber un cambio, el significado cambiará en la medida en que se modifiquen las acciones. (*Participante 5, mujer 37 años, trabajadora social*)

Como excepcionalidad una de las entrevistada plantea que ella prefiere utilizar la categoría de diversidad funcional:

Definitivamente digamos dentro de la diversidad funcional esta cobra importancia eliminar precisamente ese capacitismo, ese asistencialismo, ese paternalismo, que nos ha llevado pues a vernos a nosotros ya sea como el pobrecito y subestimarnos, tanto también la idea nociva de vernos como el super héroe o la super heroína. (*Participante 7, mujer 28 años, psicóloga*)

Se evidencia que en general las personas entrevistadas conocen y manejan tres de los modelos de abordaje teórico de la discapacidad, ese conocimiento ha estado dado por su vinculación al campo académico; también le dan relevancia a la Convención Internacional de los Derechos de las Personas con Discapacidad de la ONU, y todas establecen que la denominación de la discapacidad debería reconocerlos como personas en el marco de su dignidad más allá de las etiquetas o denominaciones que académica o jurídicamente se impongan.

11.2. RELACIÓN ENTRE LA EXPERIENCIA DE LA DISCAPACIDAD Y LA ELABORACIÓN TEÓRICA DE LA DISCAPACIDAD.

La experiencia de la discapacidad en las personas entrevistadas, ha estado vinculada a la forma como han concebido la discapacidad, esta no ha sido única sino que ha cambiado a lo largo de sus trayectorias de vida, también han incidido en esos cambios la formación como profesionales y el estar vinculados al campo académico:

> *Si yo no hubiese podido acceder a la academia y formarme en la Escuela de Rehabilitación Humana [Univalle], seguramente seguiría pensando que soy una mujer enferma, creo que justamente, que los pelaos empiecen a pensarse primero, que una persona con discapacidad puede ser profe y allí empecemos una conversa que nos permita la discusión de entender la minucia de cada una de esos modelos y encontrarles el pero o el por qué no es por ahí o qué es lo que hace falta en cada uno de ellos.* (*Participante 1, mujer 45 años, trabajadora social*)

En esta misma línea uno de los entrevistados expresaba que su experiencia sí ha permitido cambiar la forma en cómo se asumen los modelos de la discapacidad en el campo académico y esto lo evidencia con un reconocimiento que la Fundación Saldarriaga Concha le hizo:

> *Considero que sí, porque está en el país la Fundación Saldarriaga, esta fundación se enfoca en precisamente temas de discapacidad, entonces en el año de la pandemia se resaltaron experiencias positivas en trabajos, yo me postulé con una de ellas y precisamente fui elegido porque era una experiencia muy positiva, y esa experiencia la tienen ellos colgada en su página y entonces a través de esa experiencia lo que ellos dicen, copiemos de experiencias o tengamos en cuenta esas experiencias positivas para que las coloquemos a funcionar en nuestras instituciones en nuestros colegios, entonces por esa experiencia yo si consideró que se haya tenido en cuenta lo que yo estoy aportando y lo que estoy haciendo (...) además cada vez que yo hago un taller con docentes o con estudiantes la perspectiva de la discapacidad es diferente, porque la gente se va*

pensando, yo conocí a una persona con discapacidad y este es diferente. (*Participante 6, hombre 48 años, trabajador social*)

Hay otro asunto que ha permitido ese cambio alrededor del significado de la discapacidad a partir de la experiencia de las personas y en el abordaje de los modelos y está relacionado con las formas en que organizaciones de PcD han evidenciado sus luchas y sus formas de reconocimiento:

Porque nosotros mismos perpetuamos la discapacidad cada vez que nuestro logo organizacional, esta eludido con el "no veo" " no escucho", está la silla de ruedas, o sea quiero que me veas con capacidad pero me amparo en la discapacidad, entonces si usted ve los logos nuestros, alguien me dijo, no pero es que los logos de ustedes hay que hasta explicarlos, esos logos no sirven, pero a mí no me interesa, yo creo que somos las pocas organizaciones que no tenemos los pictogramas de discapacidad dentro de los logos, lo que tenemos es que tejer, ayudar al tejido social, ayudar a la accesibilidad, por ejemplo el logo de la veeduría, es totalmente un logo integrador, el que lo sabe ver es quien tenga visión de futuro, ya que hay un horizonte, hay ajustes razonables porque una punta termina redonda otra termina totalmente triangular, en esquinera hay interconectividad en las figuras geométricas, pero la gente eso no lo ve, hay que explicarlo, pero si hay que explicarlo, se explica, si, lo mismo del de la Federación, el de la Red por lo menos dice Red DISVALLE y el fondo son los Farallones de Cali, y en el contorno el Rio Cauca y un sol que asemeja el trabajo en red. (*Participante 2, mujer 56 años, coordinadora red Vallecaucana*)

Como elemento excepcional se encuentra que una de las entrevistadas indica que la discapacidad se ha utilizado por los modelos de autosuperación o *coaching* como referente, asunto que le parece irrespetuoso, haciendo una crítica a este tipo de modelos que cada vez toman más fuerza:

Hacen estas charlas motivacionales, me parce que es, ay no, o sea personalmente me parece terrible, me parece grosero con la población, además porque la población se la cree, y esto es muy delicado porque también se tiene que tener una perspectiva de ti misma muy errada, por ejemplo, estas frases como: "si yo tengo este diagnóstico y llegué hasta aquí, imagínate tú que estas completo y estas sano lo que puede hacer", o sea, creo que invisibiliza no solamente el tema de la propia diversidad funcional, sino también de las desigualdades sociales. (*Participante 7, mujer 28 años, psicóloga*)

En conclusión podemos decir que las PcD que están vinculadas al campo académico reconocen que la discapacidad se significa dependiendo del modelo desde el cual se la entienda, sin embargo, hay una idea generalizada de significarla como una condición de la diversidad humana que obliga a las personas que tienen dicha condición a hacer las cosas diferentes, la discapacidad es una construcción social, que generan discriminación o desventaja social en un grupo de personas que no responden a unas exigencias de una determinada sociedad. En lo subjetivo se destaca la idea de la discapacidad como potenciadora del ser, la discapacidad como oportunidad para relacionarse desde lo humano y sin etiquetas, reconociendo el valor de ser persona por encima de los atributos sociales, políticos o económicos que se les imponen a las relaciones sociales.

En clave a la incidencia de la experiencia de las PcD a los modelos teóricos se plantea que es imperante superar el significado de la discapacidad asociado a la carencia, la falta y el diagnóstico médico; como también superar la idea de que la capacidad es igual que el funcionamiento y transitar a abordajes que la reconozcan desde la diversidad de capacidades, oportunidades y libertades, dando paso a análisis holísticos, complejos e interseccionales que permitan reconocer la discapacidad como una experiencia de vida que ninguna persona está exenta de vivir. Es decir, la discapacidad como una experiencia humana posible, implicará su estudio desde perspectivas sociales, políticas, jurídicas, humanísticas, médicas que generen nuevas posibilidades interpretativas para analizar, abordar y vivir la discapacidad desde otros principios y valores.

Consideraciones finales

Se encuentra una tendencia a reconocer que la discapacidad se significa dependiendo del modelo desde el cual se la entienda, sin embargo, los sujetos exponen en su idea sobre la discapacidad como una condición de la diversidad humana que obliga a las personas que tienen dicha condición a hacer las cosas diferentes, también se expone que desde el modelo social y crítico la discapacidad es una construcción social, que genera discriminación o desventaja social en un grupo social que no responde a unas exigencias de una determinada sociedad.

La forma de significar la discapacidad está en la mayoría de los sujetos vinculada a una oportunidad que les ha permitido potenciar otras capacidades y habilidades, también lograr objetivos y reconocimiento que de otra manera no hubiese podido haber sido posible. Pero, también la significan como una forma de discriminación, es decir, como una etiqueta que se les asigna socialmente y que genera unas barreras especialmente en la participación social y el acceso de servicios. En ese sentido expresan que si se tuviera ajustes de acuerdo con las necesidades de cada persona o las posibilidades de cada uno, la discapacidad dejaría de existir, no habría barreras que impidieran esa participación social y el desarrollo en la comunidad. Así como el género la discapacidad no es un atributo propio de la persona que la "tiene" sino que la discapacidad es una categoría instalada socialmente por otros y en virtud de otros para dar identidad a una grupo de personas que no cumplen con los mandatos normativos del funcionamiento corporal normal (Butler, 2021) Otros significan la discapacidad como una limitante ya que la sociedad es la que les pone límites a lo que ellos como personas pueden hacer y ser.

En la perspectiva de la discapacidad como limitante se presenta como una condición que obliga a tener unos protocolos como usar bastón, ser usuarios de braille, manejar lectores de pantalla y a saber que hay cosas que por más que se quieran no se pueden hacer, entender esto y no frustrarse es una manera de significar la discapacidad. Llama la atención cómo la forma en que se ha significado la discapacidad cambia en las trayectorias de vida de los entrevistados, inicialmente la significaban como una limitación, como un problema, pero en el trascurso de las trayectorias de vida, se va significando como un proceso de empoderamiento indicando que tener una discapacidad es una condición, pero el sufrirla o padecerla es una decisión. Esta forma de significar la discapacidad permite evidencia la coexistencia de diversos modelos de abordaje de la discapacidad que no se excluyen, coexisten en una misma trayectoria biográfica y tienen su valor y sentido en momentos diferentes de la trayectoria social de quienes experimentan la discapacidad.

Sobre la idea de capacidad se encuentra que ésta se asocia con el hacer, poder llevar a cabo ciertas tareas, poder trabajar, poder estudiar y de tener los ajustes razonables, para poder hacer esas tereas. También está la idea de la capacidad como poder vivir una vida autónoma atravesada por la dignidad y valor que tienen los sujetos de ser dignos y capaces. Esto va en clave a la idea de capacidad planteada por Martha Nussbaum (2017) y sus dos preguntas centrales sobre ¿qué son las personas y qué son capaces de hacer? Aunque la mayoría de las personas entrevistadas ubican la capacidad con el hacer y ser, uno de los entrevistados indica que la capacidad la entiende como funcionalidad, como qué tan funcionales somos en este sistema capitalista y globalizado, y que definitivamente el ser capaz debería ser medido por fuera de eso, debería ser lo que cada persona puede aportar muy en la línea de lo planteado por los enfoques diferenciales.

De acuerdo con lo anterior, resulta importante continuar con las discusiones teóricas sobre lo que se entiende por capacidad desde la perspectiva de Nussbaum (2017) y la capacidad desde los enfoques y modelos de abordaje de la discapacidad. Dado que se evidencia un interés desde el enfoque de capacidades humanas por trascender la idea de la capacidad como funcionamiento, sin embargo, al revisar las capacidades centrales: vida, salud corporal e integridad corporal, Nussbaum

(2017) expone una idea de normalidad, de tener buena salud y la de ser capaz de moverse libremente, que pueden resultar imprecisas y riesgosas si se reconoce que estas ideas, son problemáticas porque pueden ser utilizadas para justificar la exclusión y la discriminación que históricamente han tenido las PcD en tanto pueden morir prematuramente, no se encuentran en lo que respecta a tener buena salud y mucho menos, pueden moverse libremente de un lugar a otro por las barreras que el entorno les pone. Entonces, será necesaria una ampliación conceptual que pueda articular las particularidades, contextos y situaciones por las que atraviesan las PcD antes de exponer que no cuentan con las capacidades centrales para el funcionamiento humano.

El modelo crítico de la discapacidad (Múneva y Peréz, 2016) se distancia de los postulados de la capacidad desde el ser y hacer y se ubica desde el funcionamiento de la persona. Esta mirada refuerza una de nuestras hipótesis de estudio y es que, si bien el modelo crítico hace una interpelación a la idea de la capacidad como modelo capitalista de teóricos del norte global, presentan una imprecisión teórica en tanto que la capacidad no es igual al funcionamiento; la idea del funcionamiento desde la CIF (2015) reduce el abordaje del enfoque de capacidades y apela más a una idea de funcionamientos posibles dados por una estructura que posibilita o limita tales funcionamientos.

Sobre la idea del ser, está relacionada en la mayoría de los entrevistados con el reconocimiento como persona que tiene una dignidad, que tiene unos derechos y que es capaz de desarrollar ese ser, que no se les asignen etiquetas, y sobre la noción de ser capaz, no es hacer lo que hacen los demás y como lo hacen, si no es ser y hacer desde la capacidad de cada uno, que les permita sentirse expandibles. Ser capaz de ser es tener el derecho de ser visto como todos lo demás, derecho como persona, derecho a ser humano, el derecho a poder trabajar sin tener restricciones a las oportunidades y libertades por la discapacidad, el derecho a la igualdad, el derecho a la recreación, el derecho a la diversidad, el derecho a que no hayan barreras para poder acceder a lugares o espacios; ser capaz implica el reconocimiento del valor de ser persona

(Nussbaum, 2019), que puede tener una discapacidad, pero que es valorada por sus conocimientos, por sus saberes, por sus habilidades y no por lo que tiene. Esta forma de entender el ser, sigue en plena relación con lo planteado por Nussbaum (2012) en su enfoque de las capacidades humas en clave a que las PcD pueden ser capaces de construir una sociedad más equitativa, más coherente, reconocer al otro desde la esencia de lo humano, dado que como lo plantea una de las entrevistadas: una de las cosas más bellas que le ha traído la discapacidad es justamente relacionarse con la esencia del otro, quitando de lado ese rol social que se asigna y poder conectarse desde la esencia con la otredad.

Frente al ser capaz de hacer, se presenta que la mayoría indican que son capaces de hacer lo que ellos desean, por supuesto con las limitantes del funcionamiento físico por la discapacidad, pero que, si los entornos estuvieran con las adaptaciones o los ajustes razonables, seguramente pudieran ser capaces de hacer muchas cosas más. También resulta interesante en el reconocimiento dentro de lo que son capaces de hacer, es el reconocer qué no pueden hacer, "tener la capacidad de decir: hasta aquí llego y está bien, está sano y no tengo que demostrarle a nadie que puedo hacerlo mejor o puedo hacer más" (Participante 7, mujer 28 años, psicóloga).

Al respecto de las oportunidades (Sen y Nussbaum, 2000) se encuentran el capital social y cultural que les ha permitido acceder a otros espacios, la mayoría de los entrevistados indican que las redes de apoyo tanto familiares como de amigos han sido una oportunidad que les ha permitido construir entornos seguros, pero también ofrecer ayuda y dar de lo que son como personas y de lo que han construido.

Todas las personas entrevistadas indican que el campo académico en el que han estado inmersos también se ha convertido en una oportunidad significativa, en tanto les ha posibilitado estudiar y ubicarse desde otros lugares en lo profesional. También los ha empoderado y dado herramientas para vincularse al campo laboral y a incidir desde su experiencia en otros escenarios. Llama la atención como una de las entrevistadas indica que una de las oportunidades ha sido el dejar el romanticismo en lo académico y pasar a acciones concretas en el aula, dado que es mucho lo que se dice sobre la discapacidad y poco lo que se logra hacer.

Frente a las restricciones de las oportunidades se indica que la mayor restricción está en el ámbito laboral, también en las posibilidades para construir una familia, de participar en espacios sociales, de recreación y turismo. Sin embargo, han generado formas de afrontamiento de estas restricciones entendiendo que no depende de ellos el cambiarlas, dado que la mayoría de estas restricciones se ubican en la estructura social. Aquí los aportes de la teoría crip podrían resultar fundamentales en tanto se transite en la exigencia de que un mundo accesible sea posible, el "acceso" debe entenderse, tanto de manera muy específica como de manera muy amplia, a nivel local y mundial. Que un mundo discapacitado es posible y deseable, ir "más allá de las rampas", como lo llama Marta Russel retomada por Mcruer (2020), y tratar cuestiones de cómo se conciben, se materializan, se dan forma espacial, y se habitan las culturas de la discapacidad (p. 103) para que las restricciones no recaigan en algunos grupos sociales como el caso de las PcD sino que se construya un mundo para todos.

La mayoría de las personas entrevistadas indican que las libertades están asociadas a la decisión de qué ser y hacer. Una de las entrevistadas expone que su libertad ha sido una lucha en tanto las imposiciones sociales y familiares le han generado restricción a esa posibilidad de decisión. La restricción en la libertad no está dada por ellos como personas o por su discapacidad, sino por la estructura que les imposibilita o les genera la posibilidad de ser o hacer, por tanto, se podría indicar desde la perspectiva de Mcruer (2020) que todas las personas tenemos la libertad de ser discapacitadas/*queer*, ya que todos nosotros (en algún momento y en cierta medida, o en cierta medida en la mayoría de los momentos) habitamos cuerpos compuestos que existen antes de que se dé una integración exitosa en la estructura social.

La mayoría exponen que el reconocimiento se da en tanto los reconozcan como personas y no exclusivamente por la discapacidad, que se les respete la autonomía y las formas en las que quieren y desean hacer las cosas, también que se reconozca que aportan y apoyan a quienes los necesitan. El menosprecio se expresa en que si bien, como personas con discapacidad siempre tendrán historias que contar frente a injusticias, el que los menosprecien ya no significa una barrera o elemento de dificultad para ellos, dado que entienden que esas formas de menosprecio en lo familiar, con los amigos y la comunidad están dadas por las etiquetas que socialmente se les asigna, pero apenas las personas que los rodean los reconocen desde las potencialidades, no vuelven a sentir ese menosprecio. Aquí también es potente la reflexión que indica uno de los entrevistados sobre la forma como se reconocen las PcD como pobrecitos incapaces o como super humanos que han salido adelante, e indica que ninguna de las dos formas es adecuada. Que es importante avanzar en ese reconocimiento desde lo humano con sus posibilidades y limitaciones.

Frente a las luchas por el reconocimiento éstas se evidencian en diferentes esferas, hay unas luchas que son personales y cotidianas, como aquellas que implican el acceso a espacios, el reconocimiento como humanos; también hay unas luchas en lo familiar para el reconocimiento de las autonomías que tienen como personas y la posibilidad de elegir sobre sus vidas, y también se evidencian otro tipos de luchas más colectivas que se caracterizan por poner el tema de la discapacidad en igualdad de importancia con temas de pobreza o exclusión social. En esa línea, resultan fundamentales las luchas por el reconocimiento jurídico y que esta esfera pase de lo legal, normativo y del papel a ejercicios concretos de reconocimiento que se generan en las políticas donde las PcD sean sujetos y no mero objeto de la ley, solicitan que no se siga legislando sobre ellos y sin ellos, sino que sean tenidos en cuenta como personas de pleno potencial y con posibilidad de aportar tanto en la formulación como ejecución y evaluación de las políticas.

También indican que el reconocimiento legal tiene un problema y es que las leyes se hacen en la generalidad, entonces hay decretos que no están bien formulados y son susceptibles de mala interpretación. Se reconoce una lucha respecto al no pelear contra las etiquetas o conceptos, es muy importante que se reconozcan las personas como actores sociales y que se supere el reconocimiento dado por el diagnóstico médico, sin dejar de lado que tienen una discapacidad y requieren de algunos apoyos y un marco jurídico particular para la garantía y el pleno goce de sus derechos.

Sobre los modelos de abordaje de la discapacidad se encuentra que la prevalencia es el conocimiento de al menos tres modelos: el eugenésico, el médico rehabilitador y el social. En el social, se encuentra una diversidad de términos y acepciones sobre la discapacidad como el de diversidad funcional, el de persona con condición de discapacidad entre otros. Se destacan dos asuntos excepcionales referidos al conocimiento de los modelos crítico y el modelo anti-capacitista. Sin embargo, ninguna persona refiere el modelo posestructuralista o la teoría crip como parte del conocimiento sobre las discusiones teóricas de la discapacidad. También es interesante como se ubican en una autocrítica, indican que el problema no es necesariamente cómo se conceptualiza o cómo se define la discapacidad, sino, cómo en términos de su capacidad organizativa y de movilización como colectivo de PcD no han logrado llegar a acuerdos o trabajar conceptualmente la discapacidad como categoría teórica, hay acuerdos en la necesidad de eliminar la idea del capacitismo y el modelo de la clasificación del funcionamiento, dado que ha llevado a tener una visión de las personas con discapacidad como sujetos de asistencia social y en esa medida verlos desde la minusvalía y la deficiencia.

En clave con lo anterior las PcD entrevistadas no consideran necesario reconocer otros significados de la discapacidad, por el contrario, el eliminar las etiquetas sería suficiente y en esa apuesta, aunque no lo expongan explícitamente, está el reto de salir del armario crip que se propone desde el modelo postestructuralista. También en reconocer el poder de la narrativa, el de acercarnos a vidas muy diferentes a las nuestras, logrando un compromiso y entendimiento receptivos (Nussbaum 2010, p. 122) Construir otras formas diversas de relacionarnos y entender la discapacidad como una experiencia de vida de la cual nadie está exento de vivir y como una condición humana posible y experienciable en cualquier momento de la vida (Maldonado, 2020).

Sin duda, la experiencia de las PcD en el campo académico ha incidido de manera directa en la forma como se significan la discapacidad, también, es común que todos los entrevistados hallan desarrollarlo procesos investigativos asociados con el tema de la discapacidad en tanto interpelan su experiencia con los significados teóricos y académicos sobre la categoría. Además de lo anterior, indican que su propia experiencia ha cambiado las formas de abordaje que las personas e instituciones que los conocen o donde trabajan tienen sobre la discapacidad. Esto hace que se fortalezca otra de las hipótesis con las que se inició este estudio y es que solo a partir del acercamiento a la experiencia misma de las personas con discapacidad las ideas, conceptos y aproximaciones teóricas sobre la discapacidad cambian en la estructura (Dubet, 2012). Por ende, la incidencia en la construcción de nuevos modelos se da en la experiencia cotidiana que va trascendiendo en los espacios académicos, laborales y públicos para cambiar esas nociones de carencia, empobrecimiento, incapacidad, deficiencia y minusvalía, a posibilidades alrededor de la capacidad, la dignidad humana, la diversidad y la diferencia como condición humana y como posibilidad de construir otras formas de relacionamiento.

Frente a la idea de justicia, son varias las interpretaciones que se tienen sobre la misma; prevalecen dos ideas de justicia, una es la justicia desde una mirada Kantiana a partir de darle a cada quien lo que le corresponde, una segunda es la idea de justicia en clave a la garantía de derechos y el goce efectivo y pleno de estos derechos y como un contrato social desde la mirada de Rawls y dos ideas más que están relacionadas con la posibilidad de acceso a todo sin trabas desde una idea de equidad y la justicia como las oportunidades que se tienen las personas para poder acceder a las oportunidades desde tratos diferenciales en tanto cada persona tiene necesidades particulares (Dubet, 2012). También aparece la idea de justicia desde el reconocimiento (Honneth, 2009) que más allá de lo jurídico y de los protocolos ya establecidos en las leyes, implica reconocer a las personas con discapacidad como seres capaces, sin este reconocimiento no habrá justicia para ellos dado que el reconocimiento como verdadera esencia de la justicia es un elemento fundamental de la constitución de la subjetividad humana (Honnet, 1997). Frente a las ideas de justicia resulta pertinente apelar a la bidimensionalidad de la justicia desde Nancy Frazer (2018), que indica la importancia del reconocimiento, pero a la par de este la redistribución, dado que no será posible la justicia social para las PcD sin que las dos dimensiones de la justicia se presenten.

Se recomienda continuar desarrollando estudios que trascienda la mirada de la PcD desde la carencia, la falta o la habilidad para sobreponerse ante situaciones de exclusión y se potencien los estudios sobre el reconocimiento, la diversidad y la ampliación de oportunidades a partir de las experiencias de PcD, no solo en el campo académico, sino en otros campos y áreas, como lo laboral, familiar y social; que se desplieguen tipos de estudios que puedan tener mayor profundidad en dimensiones como el género y desde perspectivas que apelen a la interseccionalidad como posibilidad interpretativa y analítica.

La discapacidad como campo académico plantea múltiples posibilidades, se insta en esa línea, el fortalecimiento de estudios que vinculen las discusiones sobre discapacidad, erotismo y sexualidad, áreas que son fundamentales para el cultivo de lo humano y que han sido poco exploradas en los estudios sobre las personas con discapacidad, constituyendo tabú y fortaleciendo los mecanismos de exclusión (Focault 1974 -1975).

Otra sugerencia es en clave a desarrollar estudios desde el área de la salud, pero desde los enfoques críticos y post estructuralistas, con el fin de identificar los tipos de procedimientos, acompañamientos y terapias que se están desarrollando para las PcD y que pondrán en cuestión y tensión lo que actualmente entendemos por "buena salud". También les permitirán a enfoques como el de desarrollo humano propuesto por Sen y Nussbaum, ampliar las posibilidades evaluativas e interpretativas de las capacidades humanas fundamentales. Y a la medicina, trascender la idea del diagnóstico para transitar a posibilidades holísticas y alternativas haciendo uso de los avances tecnológicos y dispositivos como *los bots* para abordar la falta de algún funcionamiento.

Se invita a la comunidad académica, universidades, instituciones educativas y redes a trabajar más allá de la inclusión y propender por el reconocimiento de la diversidad humana. También en extender las investigaciones y los estudios sobre discapacidad más allá de las oportunidades, retos y desafíos de la educación inclusiva, donde el eje o centro de los estudios sean las PcD y poner en el centro los principios y valores sobre los que social y especialmente en los contextos educativos y académicos se aborda esta.

Se insta a los gobiernos locales, municipales, departamentales y nacionales encargados de la reglamentación e implementación de políticas públicas el trabajo decidido para: i) disponer de los medios para el mejoramiento de los escenario de participación para las PcD reconociéndolas como personas capaces y con las potencialidades para formular, ejecutar y evaluar de manera conjunta los planes, programas y proyectos que los vinculan en su lugar de ciudadanos ii) fortalecer los medios para concientizar a la ciudadanía en general sobre el valor de ser PcD y entender la discapacidad como una experiencia de vida iii) fortalecer las políticas en clave al enfoque interseccional, trascendiendo el enfoque diferencial por edad, etnia, ciclo vital entre otras, entender las múltiples capas e intersecciones que se vinculan en las trayectorias de vida de la población con discapacidad para entenderla en su complejidad y particularidad, evitando la homogenización de los procesos de atención iv) propiciar espacios de encuentro desde la diversidad que permitan la construcción de una ciudad, departamento y país para todas las personas reconociendo en la diferencia la oportunidad para construir y fortalecer ciudadanías empáticas, comprender emociones, deseos, y anhelos de otros a través de la simpatía y la compasión (Nussbaum, 2010).

Bibliografía

Albornoz, N, Silva, N, y López, M. (2015). Escuchando a los niños: Significados sobre aprendizaje y participación como ejes centrales de los procesos de inclusión educativa en un estudio en escuelas públicas en Chile. Artículo. Estudios pedagógicos (Valdivia), 41(especial), p.81-96. https://dx.doi.org/10.4067/S0718-07052015000300006.

Alfaro, L (2013). Psicología y discapacidad: un encuentro desde el paradigma social. REVISTA COSTARRICENSE DE PSICOLOGÍA ISSN 0257-1439, Ene-jun 2013, Vol. 32, N.º 1, p. 63-74. Universidad de Costa Rica. Accedido en Marzo 2020 de: https://www.redalyc.org/articulo.oa?id=476748711005.

Álvarez, A. y Sebastiani, L. (2019). Una década de luchas contra los desahucios. De la vergüenza y la soledad a los agenciamientos cotidianos. Papeles del CEIC, vol. 2019/1, papel 208, 1-19. http://dx.doi.org/10.1387/pceic.19502.

Álzate Coca, D. V. (2018). Arte y educación para la inclusión social. Plan de formación de públicos en cine colombiano para personas con discapacidad visual o auditiva – Art and education for social nclusión. Training plan for audiences in Colombian cinema for people with visual or hearing disabilities. VOL 2(8), p.78-86. https://revistas.unal.edu.co/index.php/novum/article/view/73115/66478.

Aparecida Custódio, I., Da Costa Luvison, C. y De Freitas, A.P. (2018). Formas de concebir, posibilidades de significado: trabajar con la geometría en el contexto de la inclusión escolar. Revista Eletrônica de Educação, Vol 12, p.199-217. http://eds.b.ebscohost.com.bd.univalle.edu.co/eds/detail/detail?vid=5&sid=67fdba70-d58a-416a-b91f-f627e3a217df%40sdc-v-sessmgr01&bdata=Jmxhbmc9ZXMmc2l0ZT1lZHMtbGl2ZQ%3d%3d#AN=edsdoj.1f36361b8364757a3dddbebda4f554f&db=edsdoj.

Arias López, C., Corrales Rosero, Á., y Rosero Potosi, P. (2013). Imaginarios sociales acerca de la discapacidad en tres empresas que realizan procesos de inclusión laboral en la ciudad de Cali. Tesis de Terapia Ocupacional. Universidad del Valle. Escuela de Rehabilitación Humana. http://hdl.handle.net/10893/9857.

Arizabaleta Domínguez, S. L. y Ochoa Cubillos, A. F. (2016). Hacia una educación superior inclusiva en Colombia. Artículos de Reflexión Pedagogía y Saberes Universidad Pedagógica Nacional, (45), p.41-52. https://doi.org/10.17227/01212494.45pys41.52.

Assumpção, A. M., y Aguiar, G. de A. (2019). Tienes que hablar portugués con tu hijo. Retos para el proceso de inclusión de los niños inmigrantes en las escuelas de Río de Janeiro. Revista Iberoamericana De Educación, 81(1), p. 167-188. https://doi.org/10.35362/rie8113541.

Ayram, C. (2020). Notas para exhumar un cuerpo, Lorenza Bötnner: performance y discapacidad. Nómadas, (52), p. 167-181. https://doi.org/10.30578/nomadas.n52a10.

Báez Quintero, C.I., y Ordoñez Triana, O.D. (2020). Repensar la educación geográfica colombiana: en busca del lugar del sordo. Revista Nómada 52. Universidad Central, p. 257- 264. http://nomadas.ucentral.edu.co/nomadas/pdf/nomadas_52/52_15BT_Repensar_educacion_geografica_colombiana.pdf.

Báez, C.I., y Triana, O.D. (2020). Repensar la educación geográfica colombiana: en busca del lugar del sordo. Revista Nómada 52. Universidad Central. p.p 257-264. http://nomadas.ucentral.edu.co/nomadas/pdf/nomadas_52/52_15BT_Repensar_educacion_geografica_colombiana.pdf.

Baltazar, C., Sánchez, N., Vásquez, L. (2016). Experiencias de familias y docentes alrededor de la implementación del Modelo de inclusión social del MEN en los casos de un niño y una niña del municipio de Caloto – Cauca, diagnosticados con Síndrome de Down. Universidad del Valle. https://bibliotecadigital.univalle.edu.co/bitstream/handle/10893/13288/0555832.pdf?sequence=1.

Baquero Castro, M. (2018). Estrategias inclusivas a través de la radio para personas con discapacidad visual en el departamento del Guaviare. Trabajo de grado maestría. Universidad Nacional de Colombia – Sede Bogotá. http://bdigital.unal.edu.co/70628/1/TESIS%20completa-converted.pdfhttp://bdigital.unal.edu.co/70628/1/TESIS%20completa-converted.pdf.

Barnes, C. (1991). Disable People in Britain and Discrimination: A Case for Anti-Discrimination. Legislation. Londres, Hurst and Co.

Barnes, C. (1998). Las teorías de la discapacidad y los orígenes de la opresión de las personas discapacitadas en la sociedad occidental. Discapacidad y sociedad. Madrid: Morata.

Barnes, C. (2009). Un chiste malo: ¿rehabilitar a las personas con discapacidad en una sociedad que discapacita?. Visiones y revisiones de la discapacidad. Ciudad de México: Fondo de Cultura Económica. 0185-2760. http://dx.doi.org/10.1016/j.resu.2017.05.001.

Béjar Molina, R. (2005). La discapacidad y su inclusión social: un asunto de justicia. Revista de la facultad de Medicina. Volumen 53, Número 4, p. 259-262. http://www.scielo.org.co/scielo.php?script=sci_arttext&pid=S0120-00112005000400007&lng=en&tlng=es.

Béjar Molina, R. (2006). Hacia una educación con igualdad de oportunidades para personas con discapacidad. Revista de la Facultad de Medicina - Universidad Nacional de Colombia (Sede Bogotá). Facultad de Medicina. 54 (2), p.148-154. http://www.scielo.org.co/scielo.php?script=sci_arttext&pid=S0120-00112006000200011&lng=en&tlng=es.

Bermúdez Cabrera, A y Papamija Calvache, A. (2019). Percepción de la calidad de vida en adolescentes con discapacidad que asisten a una IPS de la ciudad de Palmira, p.1-91 Tesis doctoral http://hdl.handle.net/10893/14234.

Bermúdez Jaimes, G.I (2020). Corporalizaciones de artistas con discapacidad como resistencia al cuerpo normativo. Revista Nómada 52. Universidad Central, p. 199-20 http://nomadas.ucentral.edu.co/nomadas/pdf/nomadas_52/52_12B_Corporalizaciones_artistas_discapacidad.pdf.

Bernal Castro, C. A., y Moreno Angarita, M. (2013). Aplicación de sistemas de clasificación en contextos educativos: facilitando los procesos de inclusión de personas en situación de discapacidad intelectual. Revista de la Facultad de Medicina, 61(2), p. 123–135. https://revistas.unal.edu.co/index.php/revfacmed/article/view/39643.

Bourdieu, P. (2003) El oficio del científico. Ed. Anagrama. Barcelona. (Trabajo original publicado en 2001).

Brandt, E. N. y Pope, A. M. (1997). Habilitación de Estados Unidos: evaluación del papel de la ciencia y la ingeniería de rehabilitación. editors. Washington (DC): National Academies Press (US); 1997. DOI. 10.17226/5799.

Braunstein, N. (2013). Clasificar en psiquiatría. 1ra Edición. Siglo XXI Editores. Buenos Aires Argentina. PDF.

Bregain, G. (2013). Textos para el curso Historia y presente de la discapacidad en América Latina y Europa .PDF

Brogna, P. (2009). Las representaciones de la discapacidad: la vigencia del pasado en las estructuras sociales presentes" en Brogna, P. (comp.) Visiones y revisiones de la discapacidad. Ciudad de México: Fondo de Cultura Económica.

Brogna, P. (2009). Visiones y revisiones de la Discapacidad. Ed. Fondo de Cultura Económica México: Fondo de Cultura Económica. Revista Española de Discapacidad, 2(1). https://redib.org/Record/oai_articulo706306.

Brogna, P. (2019). El campo académico de la discapacidad: pujas por el nodo de sentido. Acta Sociológica, 80, p.25-48. http://dx.doi.org/10.22201/fcpys.24484938e.2019.80.76355.

Bueno, F. (2012). Representaciones sociales de estudiantes en situación de discapacidad visual construidas, en el ámbito académico, por docentes, estudiantes y monitores: el caso de la Universidad del Valle (sede Cali). Tesis de Trabajo Social. Universidad del Valle. https://bibliotecadigital.univalle.edu.co/bitstream/handle/10893/9145/CB-0472493.pdf?sequence=1&isAllowed=y.

Bustos, B. (2020). Capacitismo y neorepresión: tabuización del tacto y agresión sobre las sensibilidades. Revista Nómada 52, p. 29-43. https://doi.org/10.30578/nomadas.n52a2.

Butler, J. (2021). Deshacer el género. PAIDOS. 2da Reimpresión. Argentina.

Carvajal Osorio, M (2015). Política de Discapacidad e Inclusión de la Universidad del Valle: un proceso participativo. Sociedad y Economía, (29), p. 175-201. http://www.scielo.org.co/scielo.php?script=sci_arttext&pid=S1657-63572015000200009&lng=en&tlng=es.

Carvajal, M. (2014). El enfoque de capacidad de Amartya Sen y sus limitaciones para la ciudadanía y la sociedad civil. Revista Iberoamericana de Filosofía, Política y Humanidades, 16 (31), 85–103. https://www.redalyc.org/pdf/282/28230182005.pdf.

Carvajal, M. (2015). Identidad Social en Amartya Sen: vinculando libertad y responsabilidad en democracia. Arbor, 191 (775): a269. http://dx.doi.org/10.3989/arbor.2015.775n5008.

Castelli Rodríguez, L (2020). Memorias desde el cuerpo-archivo entre personas con discapacidad. Revista Nómada 52. Universidad Central, p. 183-197

Clasificación Internacional del Funcionamiento, de la Discapacidad y de la Salud (2011). https://apps.who.int/iris/bitstream/handle/10665/43360/9241545445_spa.pdf;jsessionid=BEF8DCEA2D2E030D2DB92C311E72ECAB?sequence=1.

Cobos Ricardo, A. y Moreno Angarita, M. (2014). Educación superior y discapacidad: análisis desde la experiencia de algunas universidades colombianas. Revista Española de Discapacidad. Vol. 2, Nº. 2, 2014, p. 83-101 https://doi.org/10.5569/2340-5104.02.02.05.

Correa-Urquiza, M. (2009). La rebelión de los saberes profanos. Otras prácticas, otros territorios para la locura". ISBN:978-84-693-1537-8/DL:T-643-2010. Tesis doctoral: http://www.tdx.cat/bitstream/handle/10803/8437/Tesi.pdf?sequence=1.

Cotán Fernández, A. (2017). Educación inclusiva en las instituciones de educación superior: narrativas de estudiantes con discapacidad. Revista Española de discapacidad. Vol. 5, Nº. 1, 2017, p. 43-61. https://doi.org/10.5569/2340-5104.05.01.03.

Custódio, I., Da Costa Luvison, C. y De Freitas, A.P. (2018) Formas de concebir, posibilidades de significado: trabajar con la geometría en el contexto de la inclusión escolar. Revista Eletrônica de Educação, Vol 12, p. 199-217. http://eds.b.ebscohost.com.bd.univalle.edu.co/eds/detail/detail?vid=5&sid=67fdba70-d58a-416a-b91f-f627e3a217df%40sdc-v-sessmgr01&bdata=Jmxhbmc9ZXMmc2l0ZT1lZHMtbGl2ZQ%3d%3d#AN=edsdoj.1f36361b8364757a3dddbebda4f554f&db=edsdoj.

Del águila Umeres, L. (2011). Inclusión laboral con responsabilidad: ¿Cómo contratar a personas con discapacidad intelectual? LIMA. FUNDADES. http://www.fundades.org/web/admin/ckfinder/userfiles/files/Monografía%2016_01.swf.

Della Porta, D. (2013). Enfoques y metodologías de las Ciencias sociales una perspectiva pluralista. Akal España ISBN: 978-84-460-3062-1. https://dialnet.unirioja.es/servlet/libro?codigo=520890.

Dubet, F. (2010). Sociología de la experiencia. Editorial complutense, S.A. https://logicacritica.files.wordpress.com/2017/08/dubet-francois-sociologia-de-la-experiencia.pdf.

Dubet, F. (2012) Los límites de la igualdad de oportunidades. Accedido de Nueva Sociedad en nov 20 de 2020. Mayo-junio de 2012, ISSN: 0251-3552,No 239. https://nuso.org/media/articles/downloads/42_1.pdf.

Fajardo, M. S. (2017). La Educación Superior Inclusiva en Algunos Países de Latinoamérica: Avances, Obstáculos y Retos. Revista Latinoamericana de Educación Inclusiva, 11(1), p. 171-197. http://dx.doi.org/10.4067/S0718-73782017000100011.

Fernández, C., Pérez Valderrama, M., Ruiz, N. (2019). Música para Ver: Sistematización de la Experiencia. Facultad de Ciencias Sociales y Humanas, Universidad de Manizales. https://ridum.umanizales.edu.co/xmlui/handle/20.500.12746/3700.

Ferrante, C., Venturiello, M (2014). El aporte de las noticias de cuerpo y experiencia para la comprensión de la "discapacidad" como asunto político. Revista Chilena de Terapia Ocupacional, 14(2), p. 45-59. https://doi.org/10.5354/0719-5346.2014.35709.

Ferrari, M. B. (2020). Feminismos descoloniales y discapacidad: hacia una conceptualización de la colonialidad de la capacidad. Revista Nómada, 52, p. 115-131. https://doi.org/10.30578/nomadas.n52a7.

Ferreira Dias, A., Pessoa de Carvalho, M.E., y Araujo Oliveira. (2016). Notas sobre el proceso de inclusión / Exclusión de una profesora transexual. Revista da FAEEBA - Educacao e Contemporaneidade – Brasil. v. 25, n. 45, p. 145-158. 10.21879/faeeba2358-0194.v25.n45.2291.

Flores Kupske, F. y Reni Loss, J. (2016). La escuela secundaria a los ojos de la sordera: un análisis narrativo. Editorial Revista Dialogia – Brasil.

Foucault, M. (1974 -1975). Los Anormales. Curso en el College de France. Fondo de Cultura Económica.

Foucault, M. (2002). Defender la sociedad. Curso en el Collège de France (1975-1976). Buenos Aires: Fondo de Cultura Económica.

Fox, M. y Kim, K. (2004). Understanding emerging disabilities. Disability and Society, vol. 19, No. 4, p. 323-337.

Goffman. E. (2001). Internados. La situación social de los enfermos mentales. Amorrortu Editores. Buenos Aires, Argentina.

Goffman. E. (2006). Estigma. La identidad deteriorada. Amorrourto Editores. Buenos Aires – Madrid.

Goffman. E. (2006). Lo que nos une, cómo vivir juntos a partir de un reconocimiento positivo de la diferencia. Siglo veintiuno Editores. Buenos Aires, Argentina.

Gómez Acosta, C.A., y Cuervo Echeverri, C. (2007). Conceptualización de discapacidad: reflexiones para Colombia. Universidad Nacional de Colombia. Facultad de Medicina, Bogotá. http://bdigital.unal.edu.co/2532/.

Gómez Bernal, V. (2014). Análisis de la discapacidad desde una mirada crítica. Las aportaciones de las teorías feministas. Estudios pedagógicos (Valdivia), ,40(2), p. 391-407. https://dx.doi.org/10.4067/S0718-07052014000300023.

Gómez Sobrino, Y. y García Vita, M. del M. (2017). Hacia una educación superior inclusiva. Universidad el Norte – ReiDoCrea, 6, p. 300-319. https://dialnet.unirioja.es/servlet/articulo?codigo=7180139.

González González, M. (2017). Diálogos de saberes. Las homogeneizaciones-diversidades y las exclusiones-inclusiones en la educación colombiana, narrativas autobiográficas. Revista de Pedagogía, 38(103), p. 211-248. http://saber.ucv.ve/ojs/index.php/rev_ped/article/view/14934.

Guevara Flores, S. y Márquez Zárate, M. A (2019). Instituciones de educación superior y discapacidad: un estudio de caso sobre las vivencias universitarias de un alumno con discapacidad motriz. Acta Sociológica, 80. p. 79-100. http://dx.doi.org/10.22201/fcpys.24484938e.2019.80.76292.

Henao, Á. y Gómez, A. (2016). Covisualidad: investigación mutua y contra sí mismo. En D. Munévar, Relatos otros para rehacer la coexistencia, p. 67-82. Bogotá: Universidad Nacional de Colombia.

Hernández Ríos, M. I. (2015). El concepto de discapacidad: de la enfermedad al enfoque de derechos. Revista CES Derecho. Volumen 6 No.2, p.46-59. http://www.scielo.org.co/scielo.php?pid=S2145771920150002000048&script=sci_abstract&tlng=es.

Honneth, A, (1997). La lucha por el reconocimiento. Traducción española de Manuel Ballestero, Barcelona, Critica.

Honneth, A. (2009). Crítica del agravio moral: patologías de la sociedad contemporánea. Universidad Autónoma Metropolitana.

Honneth, A., Rancière, J., Genel, K. (2016). Recognition or disagreement: a critical encounter on the politics of freedom, equality, and identity. Columbia University Press.

Huerta, Varela y Soltero (2018). No a la discapacidad: la sordera como minoría lingüística y cultural. Revista de Educación Inclusiva, 11(2), p. 63-80. Revista Nacional e Internacional de Educación Inclusiva ISSN: 1889-4208.; e-ISSN 1989-4643. Volumen 11, Número 2, Diciembre 2018. file:///C:/Users/usuario/Downloads/384-1185-2-PB.pdf.

Huete, A; Díaz, E; y Jiménez A. (2009). Discapacidad en contextos de multiexclusión, p. 271-288. https://www.researchgate.net/publication/257549617_Discapacidad_en_contextos_de_multiexclusion.

Jaramillo, V. (2015). Configuración de la identidad profesional desde la agencia como un recurso explicativo de la relación persona-trabajo. Universidad del Valle. Instituto de Psicología, p. 1-174.

Lázaro Fernández, Y. (2007). Ocio y discapacidad en la normativa autonómica española. Universidad de Deusto.

López, C. (2020). Estudios feministas de discapacidad en Iberoamérica: una aproximación al estado de la discusión. Revista Nómadas, 52, p. 97-113. https://doi.org/10.30578/nomadas.n52a6.

Macruer, R. (2021). Teoría Crip: Signos culturales de lo queer y de la discapacidad. Kaótica Libros. España.

Maldonado, J. (2013). El modelo social de la discapacidad: una cuestión de derechos humanos. Boletín mexicano de derecho comparado, 46(138), 1093-1109. http://www.scielo.org.mx/scielo.php?script=sci_arttext&pid=S0041-86332013000300008&lng=es&tlng=es.

Maldonado, J. (2020). Sentir la discapacidad en tiempos neoliberales: optimismo cruel y fracaso. Revista Nómada, 52, p.45-59. https://doi.org/10.30578/nomadas.n52a3.

Manjarrez Carrizalez, D. y Vélez Latorre, L. (2020). La educación de los sujetos con discapacidad en Colombia: abordajes históricos, teóricos e investigativos en el contexto mundial y latinoamericano. Revista Colombiana de Educación, (78), p. 253-298. https://doi.org/10.17227/rce.num78-9902.

Mara, D. (2015). "Sentidos asociados a las tecnologías de la información y la comunicación en escuelas especiales". Trabajo Social 17, p.147-166. Bogotá: Departamento de Trabajo Social, Facultad de Ciencias Humanas, Universidad Nacional de Colombia. https://revistas.unal.edu.co/index.php/tsocial/article/view/54778.

McCall, L. (2005). The Complexity of Intersectionality. Signs, 30(3), 1771–1800. https://doi.org/10.1086/426800.

Mendes Da Silva, C., Nunes Henrique Da Silva., D. y Da Silva, R. C. (2014). Inclusión y procesos de escolarización: narrativas de sordos sobre las estrategias pedagógicas docentes. Psicologia em Estudo , 19 (2), p. 261-271. https://doi.org/10.1590/1413-737222245009.

Mendizábal, N. (2006). Los componentes del diseño flexible en la investigación cualitativa. En: Estrategias de investigación cualitativa. Vasilachis de Gialdino, Irene (coord). Barcelona: Gedisa, p. 65-105.

Míguez Passada, M.N. (2020). Discapacidad y sexualidad en América Latina: hacia la construcción del acompañamiento sexual. Nómadas, (52), p. 133-147. https://doi.org/10.30578/nomadas.n52a8.

Millán, M. (2019). Disyunciones: salidas de la "normalidad". Acta Sociológica, 80, p. 9-21. http://dx.doi.org/10.22201/fcpys.24484938e.2019.80.76288.

Montoya Benavides, J. y Rodríguez Olaya, N. (2015). Caracterización de la población con discapacidad mayor de 18 años en el Valle del Cauca, 2009 – 2014. Tesis de Fonoaudiología. Universidad del Valle. Escuela de Rehabilitación Humana. https://bibliotecadigital.univalle.edu.co/bitstream/handle/10893/10855/CB-0565905.pdf?sequence=1&isAllowed=y.

Moriña, A. y Cotán Fernández, A. (2017). Educación Inclusiva y Enseñanza Superior desde la mirada de estudiantes con Diversidad Funcional. Revista Digital de Investigación en Docencia Universitaria, 11 (1), p. 20-37. http://dx.doi.org/10.19083/ridu.11.528.

Moriña, A., y Melero, N. (2016). Redes de apoyo sociales y académicas de estudiantes con discapacidad que contribuyen a su inclusión en la enseñanza superior. Revista prima social – España. http://eds.a.ebscohost.com/eds/detail/detail?vid=20&sid=6c733dfb-a15d-408d-8a1d-1b9e572c590f%40sdc-v-sessmgr01&bdata=Jmxhbmc9ZXMmc2l0ZT1lZHMtbGl2ZQ%3d%3d#AN=123724917&db=fua.

Müller, J.I., y Leao Mianes, F. (2016). Narrativas autobiográficas de personas sordas o con discapacidad visual: análisis de identidades y representaciones. Revista Brasileira de Estudios Pedagógicos, vol. 97 (246), p. 387-401. http://www.scielo.br/pdf/rbeped/v97n246/2176-6681-rbeped-97-246-00387.pdf.

Munévar M, D. (2013). Distanciamientos epistémicos dentro de los estudios sobre discapacidades humanas. Universitas Humanística, (76), p. 299-324. http://www.scielo.org.co/scielo.php?script=sci_arttext&pid=S0120-48072013000200014&lng=en&tlng=e.

Munévar, D. y Pérez, L. (2016). Corporalidades: biopolítica, colonialidad, decolonialidad", Ponencia. Escuela internacional de investigación Corporalidades, Universidad Nacional de Colombia. Bogotá, p. 27-28 de junio. http://www.trabajosocial.unam.mx/publicaciones/descarga/Libro_GT_Estudios_discapacidad.pdf.

Muyor Rodríguez, J. (2011). La (con) ciencia del Trabajo Social en la discapacidad: Hacia un modelo de intervención social basado en derechos. Facultad de Trabajo Social de la Universidad de Almería file:///C:/Users/usuario/Downloads/Dialnet-LaConcienciaDelTrabajoSocialEnLaDiscapacidad-4111301.pdf.

Naranjo, D.C (2020). La Dis-Capacidad desde el enfoque de las capacidades humanas, propuesto por Amartya Sen y Martha Nussbaum en: Escobar, N; Naranjo, D; Ríos, M; Henao, A y Gallego J. La diversidad y el otro una propuesta socio jurídica. (Ed. Universidad Libre de Colombia; Vol 1) Ed. Universidad Libre de Colombia.

Núñez, L. (2020). Discapacidad y trabajo: la individualización de la inclusión bajo lógicas coloniales contemporánea. Revista Nómadas 52, p. 61-79. https://doi.org/10.30578/nomadas.n52a4.

Nussbaum, M y Sen, A. (2004). La calidad de vida. Un estudio preparado por el World Institute for Development Economics Research (WIDER) de la United Nations University. Cuarta re impresión. Fondo de Cultura Económica. México.

Nussbaum, M. (2007). Las Fronteras de Justicia. Consideraciones sobre la exclusión. Paidós. Barcelona. España.

Nussbaum, M. (2008). Paisajes del Pensamiento. Edición en Castellano. Paidós. Barcelona. España.

Nussbaum, M. (2010). Sin fines de Lucro por qué la democracia necesita de las humanidades. Ed. Kats Editores. Buenos Aires. Argentina.

Nussbaum, M. (2012). Crear Capacidades Propuesta para el desarrollo humano. Ed. Planeta. España.

Nussbaum, M. (2012). El cultivo de la Humanidad Una defensa clásica de la educación liberal. Ediciones Paidos. Barcelona. España.

Nussbaum, M. y Levmore, S. (2019). Envejecer con sentido. 3ra edición. Paidós Básica. Editorial Planeta. Bogotá. Colombia.

Nussbaum, M. (2017). El Ocultamiento de lo Humano. Reimpresión. Kats Editores. Buenos Aires. Argentina.

Nussbaum, M.. (2017). Las mujeres y el desarrollo humano. 2da edición, 2da impresión. Ed Herder. España.

Nussbaum, M.. (2019). La Monarquía del Miedo. Paidós Estado y Sociedad. Editorial Planeta. Bogotá. Colombia.

Oliver, M. (1996). Defining Impairment and disability: Issues at Stake, Leeds: The Disability Press, p.29 -54 https://www.um.es/discatif/PROYECTO_DISCATIF/Textos_discapacidad/00_Oliver2.pdf.

Oliver, M. (1998). ¿Una sociología de la discapacidad o una sociología discapacitada? Discapacidad y Sociedad. Madrid: Morata.

Olmos Roa, A., Romo Pinales, M.R., Arias Vera, del C. L.M. (2016). Reflexiones Docentes sobre Inclusión Educativa: Relatos de Experiencia Pedagógica sobre la Diversidad Universitaria. Revista Latinoamericana de Educación Inclusiva, vol. 10(1), p. 229-243. https://dx.doi.org/10.4067/S0718-73782016000100012.

Organización de las Naciones Unidas para la Educación, la Ciencia y la Cultura. (1994) y Ministerio de Educación y Ciencia de España. Declaración de Salamanca y Marco de Acción para las necesidades educativas especiales. Aprobado por la Conferencia mundial sobre necesidades educativas especiales: acceso y calidad. Madrid: Ministerio de Educación y Ciencia de España.

Organización de las Naciones Unidas para la Educación, la Ciencia y la Cultura. (2010) y Ministerio de Educación y Ciencia de España. Informe de seguimiento de la EPT en el mundo. Llegar a los marginados. Resumen. París: Ediciones Unesco.

Organización de las Naciones Unidas para la Educación, la Ciencia y la Cultura. (2006) e Instituto Internacional para la Educación Superior en América Latina y el Caribe (IESALC). Informe sobre la educación Superior en América Latina y el Caribe 2000-2005. La metamorfosis de la Educación Superior. Caracas: IESALC.

Organización de las Naciones Unidas. (1948). Declaración Universal de los Derechos Humanos. Nueva York: Asamblea General de las Naciones Unidas.

Organización de las Naciones Unidas. (2006). Convención sobre los derechos de las personas con discapacidad. Nueva York: Asamblea General de las Naciones Unidas.

Organización de las Naciones Unidas. (2015). Personas con Discapacidad Departamento de Asuntos Económicos y Sociales Programa de Acción Mundial para las Personas con Discapacidad. https://www.un.org/development/desa/disabilities-es/programa-de-accion-mundial-para-las-personas-con-discapacidad-4.html.

Organización Mundial de la Salud. (2001). Clasificación Internacional de Funcionamiento de la Discapacidad y de la Salud (CIF). Estados Unidos.

Organización Mundial de la Salud. (2010). Guías del enfoque Rehabilitación basada en la comunidad. https://www.who.int/publications/i/item/9789241548052.

Organización Mundial de la Salud. (2010). Clasificación Clasificación Internacional del Funcionamiento, de la Discapacidad y de la Salud. https://aspace.org/assets/uploads/publicaciones/e74e4-cif_2001.pdf.

Organización Mundial de la Salud. (2011). Informe Mundial sobre la Discapacidad. Estados Unidos: OMS/Banco Mundial.

Organización Mundial de la Salud. (2017). Sordera y pérdida de la audición: Nota descriptiva. Estados Unidos: OMS/Banco Mundial. http://www.who.int/mediacentre/factsheets/fs300/es/.

Organización Mundial de la Salud. (2018). Sordera y pérdida de la audición: Nota descriptiva. Estados Unidos: OMS/Banco Mundial. http://www.who.int/mediacentre/factsheets/fs300/es/.

Orozco Botero, Z. (2013). Experiencias de reconocimiento y menosprecio en la atención de personas sordas en escenarios educativos. Universidad de Manizales. Tesis doctoral. Facultad de Ciencias Sociales y Humanas. https://ridum.umanizales.edu.co/xmlui/handle/20.500.12746/1230.

Ossa Fernandez, C., Perez Valderrama, M., Ruiz, N. (2019). Música para Ver: Sistematización de la Experiencia. Facultad de Ciencias Sociales y Humanas, Universidad de Manizales. http://ridum.umanizales.edu.co:8080/xmlui/bitstream/handle/6789/3700/Ruiz_Norvei_2019.pdf?sequence=1&isAllowed=y.

Otálvaro Orrego, A. (2012). Mujeres y discapacidad: miradas de sí .Universidad de Manizales. Facultad de Ciencias Sociales y Humanas. CINDE. P.1-146 https://ridum.umanizales.edu.co/xmlui/handle/20.500.12746/238.

Padilla Muñoz, A. (2010). Discapacidad: contexto, concepto y modelos. Revista Colombiana de Derecho International Law: Revista Colombiana De Derecho Internacional, 8(16). https://revistas.javeriana.edu.co/index.php/internationallaw/article/view/13843.

Pastrana Alfonso, O., Céspedes Nieves, G., Ruiz Latriglia, M., y Silva Preciado, S. (2017). Evolución conceptual de la discapacidad. Situación actual de la discapacidad en Colombia y lineamientos para su abordaje. Revista Colombiana de Rehabilitación. 6(1), p. 99-110. https://doi.org/10.30788/RevColReh.v6.n1.2007.121.

Pava, N, A. (2015). Narrativas conversacionales con familias y docentes de niños y niñas con discapacidad: Un aporte metodológico. Universidad de Manizales, vol. 32 (2), p. 203-222. http://www.scielo.org.ar/pdf/interd/v32n2/v32n2a01.pdf.

Peña Testa, C. y Estay Sepúlveda, J. (2019). La inclusión social de personas con discapacidad: un tema de agenda política-institucional. Acta Sociológica, 80, p. 101-120. http://dx.doi.org/10.22201/fcpys.24484938e.2019.80.76293.

Ponce, M. E. (2005). Los conceptos de justicia y derecho en Kant, Kelsen, Hart, Rawls, Habermas, Dworkin y Alexy. Universidad Iberoamericana.

Red CIESD. (2020). Discapacidad e inclusión social en Colombia- 2020. Informe para el Banco Mundial.

Reyes, A. (2008). El enfoque de las capacidades, la agencia cognitiva y los recursos morales. Universidad de la república – Uruguay. Recerca, revista de pensament i anàlisi, núm. 8. issn: 1130-6149, p. 153-172. https://www.researchgate.net/publication/254488784_El_enfoque_de_las_capacidades_la_agencia_cognitiva_y_los_recursos_morales.

Riveros, L.T. (2016). Voces transformadoras de las personas con discapacidad, aportes para la educación superior inclusiva en la Universidad Nacional de Colombia sede Bogotá. Maestría thesis, Universidad Nacional de Colombia – Sede Bogotá. https://repositorio.unal.edu.co/handle/unal/56427

Rojas, H. (2013). Discapacidad y participación en la reforma a la educación superior en Colombia: dialéctica entre neoliberalismo y emancipación. Universidad de Antioquia. Vol. 8, Nº 1, marzo - agosto 2014, p. 35 – 49. http://educacion.udea.edu.co/notieducacion/sites/default/archivos/Discapacidad%20y%20participacion%20en%20la%20reforma%20a%20la%20educacion%20superior%20en%20Colombia.pdf.

Rosato, A. y Angelino, M. (2009). Discapacidad e Ideología de la Normalidad. Ciudad autónoma de Buenos Aires: Noveduc. ISBN: 978-987-538-248-0 https://www.researchgate.net/publication/337335594_Discapacidad_e_ideologia_de_la_normalidad_Desnaturalizar_el_deficit_Editorial_NOVEDUC-Coleccion_dis_capacidad.

Rotman, S. (2006). Metod (2008). ología de la investigación en ciencia política. En: Luis AZNAR y Miguel DE LUCA (coord.) Política. Cuestiones y problemas. Buenos Aires: Ariel. Cuestiones y problemas, Buenos Aires: Ariel.

Rueda, R., Díaz Orozco, S. P., y Ortiz Guzmán, L. (2017). Educación superior inclusiva: Un reto para las prácticas pedagógicas. Revista Electrónica Educare, p. 1-24. http://dx.doi.org/10.15359/ree.21-3.15.

Sánchez, R. (2017).Simposio 4, Antropología y discapacidad: paradigmas, espacios e itinerarios. XIV Congreso de Antropología de Valencia. http://congresoantropologiavalencia.com/wp-content/uploads/2017/09/XIV-Congreso-Antropologia-PRE-PRINT.pdf.

Sandel, M. (2013). Justicia ¿hacemos lo que debemos? Debate. Random House Mondadori. Bogotá. Colombia.

Schewe, L. (2020). "As deusas nos protejam dessas novas cruzadas". Anahí Guedes de Mello, anticapacitismo feminista desde el Sur global. Procesos de Creación. Revista Nómada 52. Universidad Central, p. 215- 226. http://nomadas.ucentral.edu.co/nomadas/pdf/nomadas_52/52_13S_As_deusas_protejam_dessas_novas_cruzadas.pdf.

Sen, A (2000) Desarrollo y Libertad. Ed Planeta. Barcelona España.

Sen, A (2011) La idea de la Justicia. Ed Taurus Alfaguara. Buenos Aires, Argentina.

Silva Da Luz, M. H., Gomes, C. A. y Lira, A. (2017). Narrativas de la inclusión de un niño autista: desafíos para la práctica docente. Revista Universidad Catolica de Brasilia, 26(50), p.123-142. https://dx.doi.org/http://doi.org/1018800/educacion.201701.007.

Soto, P; Redón, S & Arancibia, L. (2017). ¿Cómo indagar en las experiencias de los sujetos? Una discusión teórico-metodológica acerca del estudio de caso. Andamios, 14(33), p. 303-324. ISSN: 1870-0063. https://www.redalyc.org/articulo.oa?id=628/62849641013.

Sotomayor, A. (2008). Los métodos cualitativos en la ciencia política contemporánea: avances, agendas y retos. En: "Política y Gobierno". N° 15, p. 159-179.

Tejada, A. (2005). Agenciación humana en la teoría cognitivo social: Definición y posibilidades de aplicación. Universidad del Valle. Pensamiento Psicológico, Vol.1, N°5, 2005, p. 117-123. Accedido en Septiembre. PDF.

Tejeda Cerda, P. y Fernández Moreno, A. (2015) Políticas de educación superior en países del Cono Sur. Revista Facultad de Medicina, p. 63, 33-40. ISSN: 2357-3848. https://www.redalyc.org/articulo.oa?id=576363527005.

Toboso Martín, M. y Arnau Ripollés, M, S (2008). La discapacidad dentro del enfoque de capacidades y funcionamientos de Amartya Sen. Araucaria. Revista Iberoamericana de Filosofía, Política y Humanidades. Universidad de Sevilla- España, 10(20), 64-94.ISSN: 1575-6823. https://www.redalyc.org/articulo.oa?id=28212043004.

Tubino, F. (s.f). Libertad de agencia: entre Sen y H. Arendt, p. 1-11. https://red.pucp.edu.pe/wp-content/uploads/biblioteca/090712.pdf.

Turnbull, H. y Stowe, M. (2001). Cinco modelos para pensar la discapacidad. Diario de estudios de políticas de discapacidad, 12 (3), p. 198-205. PDF.

Vanegas, M; Martínez, W; Orozco, P; Ospina; J, Urrego, G. (2015). Experiencia de acogida en la escuela desde estudiantes que vivencian situaciones emocionales adversas. Universidad de Manizales. Facultad de Ciencias Sociales y Humanas-CINDE. https://ridum.umanizales.edu.co/xmlui/handle/20.500.12746/2519.

Verdugo, M (s.f). La concepción de discapacidad en los modelos sociales. Mesa Redonda: ¿Qué significa la discapacidad hoy? Cambios conceptuales. http://www.pactodeproductividad.com/foro/archivos/73374651352012-1%20Modelos%20Sociales%20-%20Discapacidad.pdf.

Victoria Maldonado, J.A. (2013). El modelo social de la discapacidad: una cuestión de derechos humanos. Boletín mexicano de derecho. 46(138), p. 1093-1109. http://www.scielo.org.mx/scielo.php?script=sci_arttext&pid=S0041-86332013000300008&lng=es&tlng=es.

Villa Rojas, Y.P. (2020). Reflexiones desde la Universidad. Ammarantha Wass: experiencia trans-chueca de una maestra en la Universidad Pedagógica Nacional (UPN). Revista Nómada 52. Universidad Central, p. 243-255. http://nomadas.ucentral.edu.co/nomadas/pdf/nomadas_52/52_14V_Ammarantha_Wass.pdf.

Vite Hernández, D. (2020). La fragilidad como resistencia contracapacitista: de agencia y experiencia situada. Nómadas, (52), p. 13-27. https://doi.org/10.30578/nomadas.n52a1.

Yarza de los Ríos, A. Soasa, M y Pérez. B. Coord (2019). Estudios críticos en Discapacidad, una polifonía desde América Latina. 1a Ed . - Ciudad Autónoma de Buenos Aires : CLACSO, 2019. Libro digital, PDF.

Yarza, A. (2020). Interseccionarnos Aidaiza y baa wa wa/jai wa wa: relatos, visiones y entramados sobre "discapacidad" desde dos mundos indígenas en Colombia. Revista Nómadas, 52, p. 81-95 https://doi.org/10.30578/nomadas.n52a5.

Zambrano Gómez, Y (2009). Proyecto de vida: un anhelo detenido en el tiempo. Tesis de Trabajo Social. Universidad del Valle. https://bibliotecadigital.univalle.edu.co/bitstream/handle/10893/14200/CB-0415991.pdf?sequence=1&isAllowed=y.

Zarb, G. (1992). «On the road to Damascus: first step towads changinig the relations of research production», Disability, Handicap and Society. Vol. 7 nº2. https://www.tandfonline.com/doi/abs/10.1080/02674649266780161.

Zerega, M.M., Román Tutiven, C., y Bujanda, H. (2020). Devenir discapacitado: nuevos monstruos, cyborgs y desplazados en el capitalismo contemporáneo. Revista Nómada 52. Universidad Central, p. 149-165. http://nomadas.ucentral.edu.co/nomadas/pdf/nomadas_52/52_9ZTB_Devenir_discapacitado.pdf.

Anexo 1.

Propósito del estudio, estructura y protocolo del instrumento

Qué: Significados asociados a la experiencia de la Dis-Capacidad por un grupo de personas con discapacidad que hacen parte del campo académico de la discapacidad en Colombia.

Cómo: A través de una entrevista en profundidad desarrollada individualmente.

Para qué: Analizar los significados asociados a la experiencia de la dis - capacidad, por un grupo de PcD que hacen parte del campo académico de la discapacidad en Colombia.

En quienes: En un grupo de personas con discapacidad que estén vinculadas al campo académico de la discapacidad en Colombia.

Dónde: En el campo académico de la discapacidad en Colombia.

Cuando: En el mes de abril del 2022.

ESTRUCTURA DEL INSTRUMENTO					
OBJETIVOS ESPECÍFICOS	**ORDENAMIENTOS** (Método de la Experiencia Inspirado en Dubet (2010)	**CATEGORÍAS RASTREO/ANÁLISIS DE DATOS**	**SUBCATEGORÍAS**	**INDICADORES**	**PREGUNTAS**
No 1 Analizar los significados asociados a la experiencia de la dis - capacidad, por un grupo de PcD que hacen parte del campo académico de la discapacidad en Colombia	**1er ordenamiento Analítico**	Significados asociados a la experiencia de la dis - capacidad	Discapacidad	Noción de discapacidad	¿Para usted qué significa la discapacidad? ¿De dónde o de quién aprendió esa idea de la discapacidad?
			Significados de la experiencia	Conocimiento de sí	¿Para usted qué significa ser persona con discapacidad?
				Reconocimiento	¿Para usted qué significa reconocerse como PcD?
			Capacidades centrales	Vida	¿Qué opinión le merece a usted el modelo de medición de la capacidad?

					Más allá del modelo de la CIF ¿para usted qué significa ser capaz? En su opinión y desde su experiencia /en un sentido existencial mas amplio más allá de las clasificaciones ¿Cuáles cree usted son las capacidades humanas fundamentales? ¿Qué significa para usted la vida? ¿Para usted cuándo una vida no merece ser vivida?
				Salud física o Corporal	¿Qué significa para usted la salud física o corporal?
				Integridad física o corporal	¿Qué significa para usted la integridad física o corporal?

				Sentidos, imaginación y pensamiento	¿Qué significa para usted la capacidad de utilizar los sentidos? ¿Qué significa para usted imaginar? ¿Qué significa para usted pensar y razonar?
				Emociones	¿Qué significa para usted las emociones? ¿Con quienes tiene vínculos emocionales? ¿qué emociones le generan esos vínculos?
				Razón práctica	¿Qué significa para usted el bienestar? ¿qué significa para usted su propia vida?
				Afiliación: familia, amigos, vecinos.	¿Qué significa para usted ser tratado con dignidad? ¿Qué significa para usted la familia?

					¿Qué significa para usted los amigos? ¿Qué significa para usted su pareja? ¿Qué significan para usted los colegas de la Universidad? ¿Qué significan para usted sus vecinos?
				Otras especies	¿Qué significa para usted relacionarse con el medio ambiente o los animales? ¿Tiene mascotas? ¿qué significan para usted sus mascotas?
				Juego	¿Qué significa para usted ser capaz de reír, jugar y disfrutar de actividades recreativas?

					¿Qué actividades / espacios de recreación y juego realiza?
				Control sobre el propio entorno	¿Qué significa para usted tener control de su propio entorno? ¿Ha requerido de algún apoyo para obtener ese control? ¿Qué significa para usted tener la capacidad de participar en elecciones políticas que gobiernan su propia vida? ¿Qué significa para usted tener el derecho de participar políticamente? ¿Qué significa para usted tener un empleo?

					¿Qué significa para usted tener derechos de propiedad?
			Capacidades y libertades sustanciales	**Capacidades básicas** (funcionamientos) **Capacidad de agencia**	¿En sentido amplio más allá del funcionamiento. Y de los roles y lugares asignados usted de qué se siente capaz de ser y hacer usted como PcD? Se siente usted una persona con capacidad de agencia? ¿Por qué? (capacidad de ser autor social y capacidad crítica) ¿Qué significa ubicarse en una posición de anticapacitismo?

No.2 Identificar las oportunidades libertades y el reconocimiento que han tenido las PcD en el campo académico de la discapacidad en Colombia.	**2do Ordenamiento Comprensivo**	Oportunidades libertades y el reconocimiento que han tenido las PcD en el campo académico de la discapacidad en Colombia	Capacidades combinadas	Oportunidades	¿Qué oportunidades usted considera ha tenido por estar vinculado al campo académico? De esas oportunidades ¿cuáles usted ha aprovechado? ¿Qué restricciones en oportunidades considera usted ha tenido en la dimensión social más amplia? Qué restricciones en las oportunidades ha tenido específicamente por estar en el campo académico? ¿Cómo ha afrontado esas restricciones en las oportunidades?

				Libertades: Agencia del sujeto. Libertad de decidir si quiero o no	¿Considera que usted tiene libertad para decidir sobre lo que es y es capaz de hacer como persona? ¿Podría brindarnos un ejemplo de esas libertades? ¿Qué habilidades y capacidades ha requerido para decidir sobre lo que es capaz de ser y hacer como persona? ¿Qué restricciones en las libertades considera usted ha tenido en la dimensión social más amplia? Qué restricciones en las libertades ha tenido específicamente por estar en el campo académico?

					¿Cómo ha afrontado esas restricciones en las libertades?
			Reconocimiento y menosprecio	Esfera del amor Maltrato y violación	¿Qué significa para usted ser reconocido por sus amigos, familia y personas cercanas? ¿Se ha sentido menospreciado o maltratado por amigos, familia y personas cercanas? ¿En qué situaciones y cómo ha afrontado este menosprecio o maltrato? ¿Cómo ha afrontado (se las ha arreglado para afrontar esas restricciones al reconocimiento?
				Esfera de derecho. Desposeción de derechos	¿Qué significa para usted ser reconocido por la ley como PcD?

<table>
<tr><td rowspan="2"></td><td rowspan="2"></td><td rowspan="2"></td><td rowspan="2"></td><td></td><td>¿Qué vacios normativos y jurídicos desde su experiencia podria identificar se tienen para el reconocimiento de los derechos de las PcD?
¿Se ha sentido excluido por ser PcD? ¿en qué situaciones y cómo las ha afrontado?
¿Cómo ha afrontado (se las ha arreglado para afrontar esas restricciones al reconocimiento?</td></tr>
<tr><td>Esfera de la solidaridad
Deshonra</td><td>¿Como PcD que siente usted que ha sido digno de ser exaltado en la esfera pública como una virtud social a seguir?</td></tr>
</table>

					Participa usted de premios o reconocimiento púbico por ser PcD? ¿Qué significa para usted hacer parte de una comunidad académica? ¿Se siente reconocido y valorado por esa comunidad? ¿en qué situaciones? ¿Se ha sentido menospreciado o violentado por la comunidad académica? ¿En qué situaciones y cómo ha afrontado este menosprecio o violencia?
				Luchas sociales por el reconocimiento.	¿Cuáles han sido las luchas por el reconocimiento que usted y las PcD han tenido en el campo académico?

					¿Qué lo ha motivado a usted y a las PcD en esas luchas por el reconocimiento? ¿Qué conquistas han logrado? O podría exaltar como logros significativos?
No. 3 Contrastar los significados asociados a la experiencia de la discapacidad de las PcD con los modelos teóricos desarrollados en el campo académico de la discapacidad en Colombia.	**3er Ordenamiento Explicativo**	Significados asociados a la experiencia de la discapacidad de las PcD con los modelos teóricos desarrollados en el campo académico de la discapacidad en Colombia.	Modelos teóricos en el campo académico de la discapacidad	Modelo de presidencia.	¿Cuáles modelos teóricos de abordaje de la discapacidad conoce y maneja? ¿Cuáles son sus criterios de elección de estos modelos? (de acuerdo con la respuesta se prosigue con las siguientes preguntas) ¿Qué significa abordar la discapacidad desde el modelo de la prescindencia?

				Modelo médico	¿Qué significa abordar la discapacidad desde el modelo médico rehabilitador?
				Modelo social	¿Qué significa abordar la discapacidad desde el modelo social?
				Diversidad y perspectivas críticas	¿Qué significa abordar la discapacidad desde la diversidad y las perspectivas críticas?
				Enfoque post estructuralista. Lo *queer* / *lo creep*	¿Qué significa abordar la discapacidad desde la teoría *creep*? O desde una mirada pos estructuralista? ¿Considera hay algún otro modelo teórico de abordaje de la discapacidad que se esté gestando en Colombia?

					¿Qué se propone ese modelo? En qué perspectiva y con qué propósitos? ¿Quiénes (personas o instituciones) lo están trabajando?
				Significados emergentes sobre discapacidad.	¿Considera que se debe reconocer otro significado para la categoría de discapacidad? ¿cuál sería?
			Categoría Emergente: Enfoque Dual	Discapacidad y Sordera	¿En qué consiste en enfoque dual? ¿Qué se propone ese modelo/ enfoque? ¿En qué perspectiva y con qué propósitos se trabaja? ¿Quiénes (personas o instituciones) lo están trabajando?

					¿Cómo han incidido los modelos teóricos de abordaje de la discapacidad sobre la significación de su experiencia como Persona Sorda?
			Relación entre la experiencia de la discapacidad y la elaboración teórica de la discapacidad	Incidencia de los modelos teóricos sobre los significados. Incidencias de la experiencia sobre la construcción de los modelos	¿Cómo han incidido los modelos teóricos de abordaje de la discapacidad sobre la significación de su experiencia como PcD? ¿De qué manera su propia experiencia como PcD incide en la construcción de modelos (en la crítica de los modelos y en la formación sobre discapacidad?

No. 4 Develelar la idea de justicia derivada de la experiencia de la discapacidad de las PcD en el campo académico de la discapacidad en Colombia.		Idea de justicia derivada de la experiencia de la discapacidad de las PcD	Idea de Justicia	Contractualista: Instituciones justas	¿Desde su experiencia como PcD, qué es para usted la justicia?
				Liberal: Principios de equidad e igualdad.	¿Considera que hay instituciones justas? Cuáles? ¿Qué experiencias de injusticia usted ha vivido y cómo las ha afrontado?
				Redistributiva.	¿Qué significa para usted tener tratos diferenciados por ser una PcD?
				Capacidades y Libertades.	¿Cómo cree que debería promoverse la justicia en relación con la discapacidad?

				Oportunidades y posiciones.	¿Considera que usted tiene las mismas oportunidades que sus demás compañeros para escalar o vincularse en cargos académicos y directivos en las universidades?
				Restricciones en la justicia y superación de tales restricciones	¿Qué restricciones ha tenido para el acceso a la justicia? ¿Qué estrategias ha desplegado para superar tales restricciones?

PROTOCOLO DE ENTREVISTA

Datos de identificación

Nombre:

Edad:

Sexo:

Tipo de discapacidad según diagnóstico médico:

Institución (es) u organización (es) en la que está vinculado:

Antigüedad en la institución u organización:

Nivel educativo:

Profesión:

Primer Ordenamiento Analítico

Categoría 1. Significado sobre Dis-Capacidad

¿Para usted qué significa la discapacidad?

¿De dónde o de quién aprendió esa idea de la discapacidad?

Categoría 2. Significados de la experiencia de la discapacidad

¿Para usted qué significa ser persona con discapacidad?

¿Para usted qué significa reconocerse como PcD?

Categoría 3. Capacidades centrales

¿Qué significa para usted la vida?

¿Para usted cuándo una vida no merece ser vivida?

¿Qué significa para usted la salud física o corporal?

¿Qué significa para usted la integridad física o corporal?

¿Qué significa para usted la capacidad de utilizar los sentidos?

¿Qué significa para usted imaginar?

¿Qué significa para usted pensar y razonar?

¿Qué significa para usted las emociones?

¿Con quienes tiene vínculos emocionales? ¿qué emociones le generan esos vínculos?

¿Qué significa para usted el bienestar? ¿qué significa para usted su propia vida?

¿Qué significa para usted ser tratado con dignidad?

¿Qué significa para usted la familia?

¿Qué significa para usted los amigos?

¿Qué significa para usted su pareja?

¿Qué significan para usted los colegas de la Universidad?

¿Qué significan para usted sus vecinos?

¿Qué significa para usted relacionarse con el medio ambiente o los animales?

¿Tiene mascotas? ¿qué significan para usted sus mascotas?

¿Qué significa para usted ser capaz de reír, jugar y disfrutar de actividades recreativas?

¿Qué actividades / espacios de recreación y juego realiza?

¿Qué significa para usted tener control de su propio entorno?

¿Ha requerido de algún apoyo para obtener ese control?

¿Qué significa para usted tener la capacidad de participar en elecciones políticas que gobiernan su propia vida?

¿Qué significa para usted tener el derecho de participar políticamente?

¿Qué significa para usted tener un empleo?

¿Qué significa para usted tener derechos de propiedad?

Segundo Ordenamiento Comprensivo

Categoría 4. Capacidades y libertades sustanciales

¿Qué es capaz de ser y hacer usted como PcD?

Categoría 6. Capacidades combinadas.

¿Qué oportunidades usted considera ha tenido por estar vinculado al campo académico?

De esas oportunidades ¿cuáles usted ha aprovechado?

¿Qué restricciones en oportunidades considera usted ha tenido por esta en el campo académico?

¿Cómo ha afrontado esas restricciones en las oportunidades?

¿Considera que usted tiene libertad para decidir sobre lo que es y es capaz de hacer como persona?

¿Podría brindarnos un ejemplo de esas libertades? ¿Qué habilidades y capacidades ha requerido para decidir sobre lo que es capaz de ser y hacer como persona?

Categoría 7. Reconocimiento y menos precio.

¿Qué significa para usted ser reconocido por sus amigos, familia y personas cercanas?

¿Se ha sentido menospreciado o maltratado por amigos, familia y personas cercanas? ¿En qué situaciones y cómo ha afrontado este menosprecio o maltrato?

¿Qué significa para usted ser reconocido por la ley como PcD?

¿qué vacios normativos y jurídicos desde su experiencia podria identificar se tienen para el reconocimiento de los derechos de las PcD?

¿Se ha sentido excluido por ser PcD? ¿en qué situaciones y cómo las ha afrontado?

¿Qué significa para usted hacer parte de una comunidad académica?

¿Se siente reconocido y valorado por esa comunidad? ¿en qué situaciones?

¿Se ha sentido menospreciado o violentado por la comunidad académica? ¿En qué situaciones y cómo ha afrontado este menosprecio o violencia?

¿Cuáles han sido las luchas por el reconocimiento que usted y las PcD han tenido en el campo académico?

¿Qué lo ha motivado a usted y a las PcD en esas luchas por el reconocimiento?

Tercer ordenamiento explicativo

Categoría 8. Modelos teóricos en el campo académico de la discapacidad.

¿Cuáles modelos teóricos de abordaje de la discapacidad conoce?

(de acuerdo con la respuesta se prosigue con las siguientes preguntas)

¿Qué significa abordar la discapacidad desde el modelo de la prescindencia?

¿Qué significa abordar la discapacidad desde el modelo médico rehabilitador?

¿Qué significa abordar la discapacidad desde el modelo social?

¿Qué significa abordar la discapacidad desde la diversidad y las perspectivas críticas?

¿Qué significa abordar la discapacidad desde la teoría creep? O desde una mirada pos estructuralista?

¿Considera que se debe reconocer otro significado para la categoría de discapacidad? ¿cuál sería?

¿Considera hay algún otro modelo teórico de abordaje de la discapacidad que se esté gestando en Colombia?

¿Qué se propone ese modelo?

¿Quiénes (personas o instituciones) lo están trabajando?

Categoría 9. Ideas de justicia

¿Desde su experiencia como PcD, qué es para usted la justicia?

¿Considera que hay instituciones justas? ¿Cuáles? ¿Qué experiencias de injusticia usted ha vivido y cómo las ha afrontado?

¿Qué significa para usted tener tratos diferenciados por ser una PcD?

¿Cómo cree que debería promoverse la justicia?

¿Considera que usted tiene las mismas oportunidades que sus demás compañeros para escalar o vincularse en cargos académicos y directivos en las universidades?